VERS LE MONDE DE 2050

DU MÊME AUTEUR

Économie mondialisée : de la violence à la fraternité, Desclée de Brouwer, 2003.

Lettre ouverte aux candidats à l'élection présidentielle, Bayard, 2006.

Eau, avec Bertrand Badré, Ivan Chéret et Pierre-Frédéric Ténière-Buchot, Robert Laffont, 2008.

La scène de ce drame est le monde. Treize ans à la tête du FMI, Les Arènes, 2014.

Michel Camdessus

VERS LE MONDE DE 2050

Fayard

Couverture : un chat au plafond

ISBN : 978-2-213-70510-1

Dépôt légal : septembre 2017

Pour Julie, Camille, Lucien, Paula,
Blanche, Line, Ugo, Rita
et les jeunes de leur âge à travers le monde.

Ils habiteront le monde de 2050
et le rendront meilleur.

« L'espace mondial est politiquement vide
ou presque. Là est la difficulté : comment faire
habiter cet espace-là, de plus en plus le nôtre,
par le politique ? Il y a un bien commun
universel, qu'il s'agit désormais de définir
et de servir… Question immense,
mais question majeure.
N'y pas répondre, c'est le malheur du monde. »

MICHEL ALBERT

« À force de craindre le pire,
on finit par le fabriquer.
À force d'imaginer le bien,
on finit par y contribuer. »

JEAN BOISSONNAT

Prologue

Peu de temps après la fin de mon mandat au Fonds monétaire international (FMI), dans les premiers mois de l'an 2000, je reçois de Harinder Kohli, ancien haut dirigeant de la Banque mondiale, et de quelques anciens collègues du FMI une invitation à dîner à Washington. En ces mois d'euphorie du début du nouveau millénaire, mes amis sont inquiets. Les dirigeants du monde sont prisonniers du court terme. Obsédés par la « cuisine » politique de leurs pays pour les six prochains mois, ils sont incapables de relever le nez du guidon. Or, dans ce monde qui change à une vitesse foudroyante, une vision à long terme est indispensable. Paradoxalement, les nations s'en passent. Originaires pour la plupart de pays émergents ou en développement, mes amis observent aussi que les hommes d'État des pays dits « avancés » ne se soucient guère de la vision du futur qui s'élabore en Asie, en Afrique ou en Amérique latine. Basées à Washington, les institutions de Bretton Woods elles-mêmes restent très marquées par les modes de pensée occidentaux. L'histoire va ainsi son cours, sous la poussée de la mondialisation. Celle-ci s'impose à tous comme « une force qui va », provoquant un glissement tectonique d'ouest en est de l'économie mondiale… mais ceux qui prétendent régir le monde regardent ailleurs.

Lorsque vous étiez parmi nous, insistent-ils, vous avez dénoncé cette indifférence comme une des plaies du monde. Une vision universelle à long terme y est indispensable, mais elle ne peut plus se définir à partir du seul prisme occidental.

Mes amis pensent qu'il faudrait confronter ces diverses approches pour identifier le bien commun universel. Pourquoi n'y travaillerions-nous pas ensemble ? Il suffirait de réunir quelques experts de bon niveau en liaison avec les autres centres de recherche mondiaux. On pourrait commencer par proposer aux gouvernements des pays émergents, des études des perspectives à long terme de leurs pays. Alimentés par ces réflexions, ils en saisiraient l'importance et s'attacheraient à doter leurs administrations d'outils analogues.

Mes amis voudraient m'associer à ce travail. Cette invitation me surprend et me touche. Je partage leur diagnostic. Au cours de treize années de dialogue avec presque tous les gouvernements du monde, j'ai déploré ce primat du court terme et cet impérialisme intellectuel des Occidentaux. J'ai constaté surtout combien il était difficile à chaque pays de prendre en compte les intérêts des autres nations dans la définition de sa politique économique nationale. Pourtant, je risque quelques objections. En quittant le FMI, j'ai proclamé haut et fort mon intention de me consacrer désormais à mes enfants et petits-enfants, à mes amis, à la musique et à mes livres. J'avais vraiment tout connu des frustrations et des joies de la coopération internationale. Frustrations devant les manquements aux promesses faites aux plus pauvres par les pays avancés ; devant l'abandon des engagements de réforme des politiques économiques et des gestions ; devant le refus des pays en excédent d'aider ceux en déficit à retrouver l'équilibre. Frustrations, mais aussi immenses joies en tant d'occasions où l'esprit de solidarité a prévalu, où des crises ont été dénouées, où des pays ont été arrachés à la pauvreté. Je garde, enfin, de ces années passées au FMI la conviction de l'importance essentielle d'une des plus belles inventions du XXe siècle : le multilatéralisme. Il révèle aux peuples la dimension mondiale de leur condition, il introduit entre les États le principe démocratique et les place sur un pied d'égalité. Il est indispensable à la gouvernance d'un monde qui marche vers son unité ; il est la condition d'une avancée vers trois piliers d'un avenir meilleur :

– l'esprit de responsabilité politique étendu au niveau mondial ;

– la solidarité que j'aime définir, avec la poétesse nicaraguayenne Gioconda Belli, comme « la tendresse des peuples » ;

– la fraternité enfin dont la Déclaration universelle des droits de l'homme de 1948 a fait le seul devoir qui s'impose à tous les hommes.

C'est dans cet esprit que mes amis veulent travailler. Ils finissent par me convaincre. J'accepte donc leur invitation.

Ainsi naît, à Washington, en 2005 l'Emerging Markets Forum. Il se met promptement au travail. Ses études se succèdent. Les premières sont consacrées aux perspectives à long terme de l'Inde, de l'Amérique latine, de l'Asie, du Mexique, de l'Afrique et de l'Asie centrale.

Avec la grande crise financière de 2007-2008, le besoin apparaît de réévaluer les évolutions à long terme de l'économie globale et de mieux prendre en compte la solidarité de fait qui unit tous les pays. De là, le projet d'une étude des perspectives mondiales pour 2050. On ne cherchera pas à dire ce qu'il en sera de chacun de nos pays et en aucune manière, de lire, comme dans une boule de cristal, comment et où vivront nos enfants et petits-enfants, ce qu'ils mangeront, comment ils seront habillés, etc. On recherchera plutôt dans notre environnement d'aujourd'hui les failles à l'origine de la catastrophe dont nous sortons et les dynamiques structurantes dont l'action conjointe ou les conflits construisent le monde radicalement neuf vers lequel nous allons.

La raison d'être décisive de ce travail est une commune conviction. Nous pouvons encore, peut-être pour peu de temps, agir avec efficacité sur ces « hypertendances », réduire leurs menaces et, faisant fond sur leurs promesses, tenter de rendre meilleures les années 2050. Pour démentir tous les prophètes d'un monde plus injuste et plus cruel, il faudra convaincre les gouvernements d'agir autrement, sachant que le succès de chacun dépendra étroitement de la réussite de tous les autres. Il s'agira d'un changement radical pour infléchir ensemble les dynamiques de l'avenir vers le bien commun universel de demain.

Ce travail sur *Le Monde en 2050* a occupé l'équipe de l'Emerging Markets Forum de 2014 au début de 2016. Elle a mobilisé vingt-six experts de haut niveau des cinq continents[1], sous la houlette de Harinder Kohli, cofondateur du Forum et son président actuel. Il a conçu ce nouveau projet, en a coordonné les études et assuré la rédaction des chapitres de synthèse. Je me suis senti honoré d'être associé à ce travail avec quelques autres personnalités européennes, parmi lesquelles Horst Köhler, Pascal Lamy, et Gérard Payen. Ce rapport a donné lieu à un important ouvrage – *The World in 2050 – Striving for a More*

1. Leur liste est fournie dans les Annexes.

Just, Prosperous, and Harmonious Global Community[1], publié par Oxford University Press et officiellement lancé lors d'un colloque à la Banque de France en avril 2016.

L'objet du présent ouvrage est d'offrir au public francophone une réflexion sur ces « hypertendances » et sur les initiatives qui devraient être prises pour les maîtriser en les abordant dans leur dimension mondiale. La France, qui se flatte d'avoir le sens de l'universel et qui en a parfois glorieusement brandi l'étendard, s'est trop souvent conduite comme s'il suffisait de mettre de l'ordre chacun chez soi pour que le monde aille bien. Elle a certainement son mot à dire pour contribuer à cette nouvelle recherche d'un bien commun universel sans rien négliger de ses tâches nationales. Elle doit, elle aussi, se risquer sur des chemins nouveaux, des chemins d'humanité.

Le lecteur l'aura compris, c'est au « vide politique » de l'espace mondial que je voudrais tenter d'apporter quelques éléments de réponse. Je ne m'arrêterai pas à la crise du politique chez nous en France ou en Europe. En ce qui concerne les réformes nécessaires à mon pays, j'ai déjà eu l'occasion de dire toutes mes

1. *Le Monde en 2050 – Lutter pour une communauté mondiale plus juste, prospère et harmonieuse dans ses relations internationales.*

convictions[1]. Pour l'Europe, tout un manifeste mériterait d'être écrit pour hâter son renouveau. J'espère qu'il le sera par aussi convaincu et plus compétent que moi.

1. *Lettre ouverte aux candidats à l'élection présidentielle*, Bayard, 2006.

Introduction

Notre exploration de 2050 va s'effectuer sous un double signe : celui du temps et celui de l'espace. Le temps n'est plus ce qu'il était : l'histoire ne cesse d'accélérer son cours. L'espace se rétrécit à vue d'œil : les antipodes sont à un jour de voyage. Il est devenu banal pour l'Européen aisé d'y aller faire un tour, de passer l'hiver aux Caraïbes, de découvrir, sans renoncer à des conditions de voyage confortables, quelque recoin de la planète inconnu de son voisin de palier. Le monde de la prochaine trentaine d'années sera profondément renouvelé par cette accélération et ce rétrécissement.

Pour mieux prendre la mesure de l'intensité de ce double mouvement qui nous emporte, jetons un bref regard sur les décennies que nous venons de traverser.

D'OÙ VENONS-NOUS ?

L'économie globale a connu depuis soixante ans des avancées sans précédent vers l'accroissement du revenu et du niveau de vie de l'humanité. Plus de personnes ont été arrachées à l'extrême pauvreté, durant cette période, qu'à aucun moment de l'histoire. À la pointe de ce progrès, les économies émergentes n'ont cessé de converger avec les plus développées, avant d'en dépasser beaucoup.

La part des économies des grandes puissances occidentales – celles du G7 – qui s'était établie comme le directoire informel du monde en 1987[1] – est progressivement tombée de 57 % de la production mondiale en 1960 à 32 % en 2015. Parallèlement, celle des pays émergents et en développement (PED) atteint 55 %. Les économies dites avancées se trouvent ainsi largement devancées. Nous avons donc vécu un renversement de la situation. Le monde est en train de changer de mains. Tel est le résultat de l'écart permanent des taux de croissance entre ces deux groupes de pays. Depuis l'an 2000, celui des pays émergents et en développement a été deux fois plus élevé que celui des pays avancés. Cette différence est due, en grande partie, à

1. Le G7 succédait ainsi, avec l'accession de l'Italie et du Canada, au G5 créé au Sommet de Rambouillet en 1976 entre les États-Unis, le Japon, l'Allemagne, le Royaume-Uni et la France.

l'émergence de la Chine sur la scène mondiale au cours du dernier quart de siècle ; elle provient aussi de celle d'autres économies telles que l'Inde, le Vietnam, la Turquie, la Corée, la Colombie, le Pérou, le Mexique, le Brésil et le Nigeria. Si ces données inspirent quelque mélancolie aux pays qui continuent de se dire « avancés », elles dénotent de remarquables réussites de pays souvent classés naguère parmi les plus pauvres.

Notons, d'entrée, que l'économie mondiale n'a pas toujours connu des changements aussi rapides. Pendant la majeure partie de l'histoire, jusqu'à la révolution industrielle, presque tous les humains, quelle que soit la partie du monde où ils habitaient, ont vécu dans une extrême misère. Tous étaient également pauvres, à l'exception d'une classe dirigeante très peu nombreuse. Ils n'avaient aucune possibilité d'épargner ou d'investir dans des biens leur permettant d'améliorer leur productivité et leurs revenus. L'espérance de vie atteignait à peine la moitié – voire moins – de celle d'aujourd'hui. La qualité d'existence de presque tous était misérable ; pendant des millénaires, la survie de chacun est demeurée un défi permanent.

À la veille de la révolution industrielle, la Chine et l'Inde représentaient, à elles seules, plus de 50 % du produit mondial – du fait, non de leur richesse économique, mais tout simplement de l'importance de leur nombre d'habitants, car l'Asie comptait alors plus de 60 % de la population mondiale. Sous l'effet des retards dans la croissance, ce taux était tombé à 14 % au milieu des années 1950 alors que la population asiatique représentait encore près de 60 % de la population globale. Le renversement actuel a ainsi été précédé, dans ces pays, de deux cent cinquante ans de stagnation. Leur développement rapide au cours des soixante dernières années n'en est que plus frappant.

Nous vivons un véritable retournement de l'histoire. D'autres indicateurs le confirment. Selon la Banque mondiale, la proportion des personnes en état de pauvreté absolue (vivant avec moins de 1,90 dollar par jour) est tombée de 52 % en 1981 à moins de 10 % en 2015. Parallèlement, le pourcentage de personnes appartenant à la classe moyenne a bondi de 27 % en 1990 à 51 % en 2015. La population est en meilleure santé et vit plus longtemps : sa longévité moyenne de 52 ans en 1960 atteint 71 ans en 2015. Le niveau d'éducation a progressé à travers le monde, même si beaucoup reste à faire en Afrique subsaharienne et en Asie du Sud, tout spécialement pour l'instruction des filles.

Au total, la convergence régulière avec les pays développés de bon nombre de pays pauvres – entraînés par la Chine, l'Inde et les pays d'Asie orientale – a conduit à des améliorations spectaculaires en matière de production, de niveau de revenu et de bien-être dans ces pays devenus émergents. Si ce processus vient à se poursuivre et à s'étendre sur le long terme, il aura un impact décisif sur le niveau de vie de milliards de personnes dans l'ensemble du monde et en particulier en Afrique, en Asie et en Amérique latine. De plus en plus d'habitants y rejoindraient les rangs des classes moyennes : plus de 80 % des 9,7 milliards d'habitants du monde en 2050 pourraient faire partie de ce groupe et de celui des catégories supérieures. Serions-nous en passe d'accéder à une sorte de meilleur des mondes, où il ne nous resterait plus, comme à Candide, qu'à « cultiver notre jardin » ? Hélas, l'histoire nous a appris que nous ne pouvons compter sur la linéarité de son cours. Est-il donc permis d'envisager un scénario de poursuite de cette convergence ?

Depuis 2007, des turbulences ont profondément affecté l'économie globale, marquant une sévère cassure par rapport aux tendances précédentes. Une crise financière de grande ampleur a imposé aux États des interventions massives pour éviter la destruction du système financier mondial. On a pu observer, dans une bonne partie de l'Europe et au Japon, une croissance faible ou nulle, et, partout, une érosion des gains de productivité accompagnée plus récemment de la fin abrupte du cycle expansionniste des principales matières premières. Les effets de ces phénomènes se sont ajoutés, au cours des deux ou trois dernières années, aux nets ralentissements – voire à des épisodes de récession – dans d'importantes économies émergentes, comme la Chine, le Brésil, la Turquie, le Mexique, l'Arabie Saoudite, l'Afrique du Sud et le

Nigeria, dont nous venons de souligner les progrès récents. On pourrait alors déplorer que le processus de convergence d'une majorité de marchés émergents avec les pays avancés n'ait été qu'un heureux accident de l'histoire. Serions-nous les témoins de la fin de cet âge d'or de convergence rapide ? Pourrait-on, au contraire, imaginer que la communauté mondiale finisse par reprendre sa marche vers une hausse toujours plus forte des niveaux de vie, entraînée par le progrès technologique et les gains de productivité ? Quelles initiatives prendre pour y parvenir ? Voilà la première question à laquelle il faut répondre.

Où allons-nous ?

Les résultats remarquables des soixante dernières années peuvent s'expliquer par une combinaison particulièrement favorable de facteurs. Se sont ainsi cumulés : l'indépendance des anciennes colonies européennes d'Asie et d'Afrique, la plus grande ouverture du commerce international, la rapide mobilisation de ressources de financement devenues disponibles, l'amélioration continue du niveau de l'éducation, la croissance de la population, les percées technologiques et médicales, le développement des chaînes globalisées de valeurs et, pour beaucoup de pays d'Afrique et d'Amérique latine, l'évolution cyclique, enfin, du prix des matières premières pendant la première décennie de ce siècle. Il faut en convenir : l'essentiel des retombées positives de ces facteurs a déjà été récolté. Quelques indices donnent à penser que nous toucherions à la fin du temps des aubaines et que nous serions en présence d'un inquiétant changement de décor, alors qu'il nous reste encore à prendre en compte la survenance possible de défis inattendus.

Les perspectives mondiales de l'Emerging Markets Forum sont élaborées, comme il est d'usage, en écartant les risques systémiques majeurs tels que guerre nucléaire, effondrement du système économique, chute d'un astéroïde de grande taille, etc. Mais l'histoire ignore parfois cette restriction méthodologique. Vue d'Europe en 2017, elle peut apparaître imprudemment teintée de volontarisme. Un vent mauvais souffle obstinément depuis quelques années, au point que l'on est conduit à se demander si le cours de l'histoire ne serait pas en train de s'écarter de sa trajectoire, rassurante jusqu'ici.

Nous ne pouvons pas ignorer quelques périls majeurs. Certains nous sont déjà familiers : changement climatique, hausse persistante des inégalités, poussée des fondamentalismes, multiplication des foyers de tensions à travers le monde. Ils nous préoccupent d'autant plus que nous nous sentons très peu en mesure d'en venir à bout et plus tentés par le repli que disposés à rechercher, en nous-mêmes, l'énergie et le courage de les affronter ensemble. L'élection d'un nouveau président des

États-Unis, dont le discours s'éloigne si radicalement des valeurs sur lesquelles la *Pax Americana* était construite, la montée des extrémismes, le Brexit, les conflits sans fin au Proche-Orient ajoutent à notre désarroi. À partir de là, l'hypothèse d'une détérioration continue des perspectives mondiales trouve de plus en plus de vraisemblances. La menace d'une dérive vers des situations de chaos et de conflits d'une violence sans précédent doit désormais rester présente à nos esprits si nous voulons avoir quelques chances d'en exorciser le risque ou, le jour venu, d'y faire face avec les ressources matérielles et morales nécessaires.

Pessimisme exagéré ? Nullement, surtout si nous prenons en compte les risques de voir plusieurs facteurs négatifs politiques, économiques et sociaux de déstabilisation coïncider de façon inattendue et combiner leurs effets avec des menaces géopolitiques déjà présentes aux quatre coins du monde, provenant d'acteurs non étatiques violents et susceptibles de détenir les armements les plus mortifères n'en étant pas des moindres. Aux unes et aux autres s'ajoute, enfin, le risque d'« accidents » aussi lamentables que l'assassinat d'un archiduc en 1914 ou toute autre circonstance fortuite déclenchant une troisième guerre mondiale… nucléaire, cette fois-ci. À tous ces risques s'ajoutent enfin la déliquescence du politique et la fragilisation de la démocratie, y compris là où on la croyait la mieux établie.

Cette sombre vision, assez familière en Europe, n'est pas évoquée fréquemment dans les pays émergents, encore marqués par l'euphorie de récentes années d'impressionnants progrès. On y répète au contraire, avec nombre de spécialistes, que le rythme du progrès technologique et de la révolution numérique pourraient s'accélérer encore. Tout un tableau de nouvelles opportunités peut, en effet, être dressé qui justifie la confiance. Aucun de ces pays toutefois, si impressionnants qu'aient été ses résultats dans le passé, ne peut être assuré de la poursuite de son succès dans l'avenir. Un engagement soutenu de ses dirigeants et de ses habitants reste nécessaire pour qu'il poursuive – voire accélère – sa convergence avec les économies avancées. Les enjeux sont tels que nul ne peut prendre le risque de l'échec.

La tâche est au moins aussi redoutable pour les pays développés eux-mêmes, encore marqués par la crise financière qu'ils viennent de traverser. Au-delà d'indispensables réformes de structure trop souvent renvoyées aux calendes grecques, il leur revient d'apprendre à habiter un monde devenu multipolaire et d'inventer, dans un partenariat avec les pays émergents et en développement, les instruments de la nouvelle gouvernance mondiale qui seront indispensables bien avant 2050. Partout donc, la lucidité appelle à rechercher dans l'analyse des « hypertendances » que nous allons maintenant entreprendre les meilleurs moyens d'en maîtriser les trajectoires et d'éviter un passage par la case « catastrophe majeure », avant de parvenir à un monde meilleur. Mais comment faire ?

La réponse est dans un effort universel constant pour éviter de nous laisser entraîner dans des dérives dont la crise de 2007-2008 nous a fourni l'expérience ; par-dessus tout, tenter de mettre en place, dans la conduite de nos pays, des politiques aussi conformes que possible à une vision d'un bien commun universel à élaborer ensemble. Tâche ardue entre toutes ! Nous rencontrerons souvent et partout la formidable résistance que suscite l'exigence des mutations. Ces oppositions seront multiformes, entraînant des blocages immédiats ici, créant de tenaces entraves ailleurs. Certes, en d'autres cas, les avancées pourront être encourageantes. Nos pays ne marchent jamais du même pas. Si tel ou tel dérape, il nous appartiendra d'être prompts, non à le condamner, mais à l'aider à se reprendre. N'ayons cependant aucune illusion. Les déboires des uns ou des autres seront fréquents. Notre route sera difficile, mais il n'en est point d'autre vers un avenir meilleur. Il nous faudra marcher, comme en montagne, sur des éboulis se dérobant sous nos pieds, sans perdre de vue que nos avancées dépendront de notre capacité à nous ouvrir à la dimension universelle de nos vies et donc de notre responsabilité. Nous devons nous mettre à l'œuvre dès à présent en commençant par partager nos analyses des dynamiques structurantes de 2050 et par repérer ensemble quelques chemins vers ce monde meilleur. Cet ouvrage tentera de les expliciter.

Notre démarche sera très simple. La première partie décrira les onze grandes tendances structurantes identifiées pour 2050. Au cours des prochaines années, plusieurs autres « hypertendances » viendront probablement se joindre aux premières dans la construction du monde du prochain demi-siècle. Elles ne rendront pas inutiles les efforts entrepris dès maintenant, dans la perspective du bien commun d'un monde poursuivant cahin-caha sa marche vers l'unité. La seconde partie tentera d'identifier quelques grandes actions susceptibles d'être engagées par la communauté mondiale pour faire face aux défis que nous voyons se préciser dans l'enchevêtrement de ces dynamiques structurantes. Ils sont redoutables. Ils auraient pu nous décourager si, au moment même où nous avancions dans ce travail, les Nations unies n'avaient abouti dans leurs efforts pour définir et faire adopter, par l'unanimité des dirigeants du monde, dix-sept « Objectifs de développement durable » (ODD) pour 2030, sur la base de l'expérience des huit « Objectifs du Millénaire » pour 2015.

Malgré les réserves appelées par le nombre ou l'imprécision de ces ODD, ils constituent des jalons essentiels sur la route qui nous mènera en 2030 à mi-parcours de notre propre itinéraire. Il nous reste à mettre en lumière les conditions essentielles de leur réussite, à préciser les réformes profondes qu'ils requièrent. Ce seront autant d'éléments structurants du monde de 2050. Un monde à rendre le plus habitable possible, puisqu'il sera celui de nos enfants et petits-enfants.

Formidable ambition, irréalisable si l'effort exigé pour infléchir ces tendances vers le bien commun global ne s'accompagne pas d'un renouvellement profond de nos cultures. Elles restent celles d'hier et résistent au monde qui vient. Or, la clé de notre réussite est là. La tâche peut sembler impossible. Notre conviction est qu'elle ne l'est pas. C'est dans un effort de cette nature que la société mondiale deviendra de plus en plus consciente de son unité dans la diversité de ses visages et s'appropriera la maîtrise de son destin.

Il nous faut nous mettre en route dans des circonstances adverses, à un moment où l'histoire semble hésiter sur son propre cours. Les forces qui secouent le monde aujourd'hui sont, pour beaucoup, celles de populismes nostalgiques rêvant de revenir à leurs horizons, à leurs privilèges et à leurs conforts d'hier. Nous aurons à les affronter ; autant le faire sans tarder, en aidant nos contemporains à discerner les dynamiques qui accoucheront du monde de demain. Un monde dans lequel les ponts seront plus utiles que les murs, un monde qui peut se construire sur le dialogue de peuples de conditions différentes, s'enrichissant mutuellement dans leurs échanges.

« Hypertendances »

Les dynamiques structurantes de 2050

À la recherche des dynamiques structurantes de l'avenir

Comment oser parler de 2050 ? La méthode[1] que nous avons retenue consiste à identifier, dans le monde d'aujourd'hui, ces forces qualifiées dans le jargon des économistes de *megatrends*, d'hyper- ou de mégatendances. Il s'agit des dynamismes dont nous pouvons penser qu'ils resteront à l'œuvre suffisamment longtemps pour constituer des éléments

1. Elle a déjà été utilisée par l'Emerging Markets Forum pour ses études antérieures concernant l'Inde, le Mexique, le Kazakhstan, l'Afrique, etc., mais aussi, par exemple, par l'OCDE, qui a construit son rapport *Science, Technologie et Innovation : perspectives 2016* sur le suivi des hypertendances suivantes : démographie, ressources naturelles et énergie, changement climatique et environnement, globalisation, rôle du gouvernement, économie, emploi et productivité, société et santé, inégalité et bien-être.

structurants de l'économie mondiale de 2050. Il s'agit également de changements de diverses natures – sociale, économique, politique, technologique, etc. – qui, se formant lentement, gagnent progressivement en vigueur et exercent ensuite une poussée de longue durée sur les sociétés humaines. Ils agissent, pourrait-on dire, à la manière de ces vagues de fond qui se forment lentement, sans être perçues, et finissent par emporter tout sur leur passage. Ces dynamismes, au lieu de venir mourir sur quelque plage, revêtent dans l'histoire économique une suffisante stabilité pour que nous puissions y lire des éléments d'un futur probable, et surtout pour que nous puissions encore agir avec quelque efficacité sur eux, opérant, si nécessaire, des corrections de trajectoire.

Ces tendances sont déjà puissamment à l'œuvre dans le monde d'aujourd'hui. En les observant, nous pourrons mieux comprendre comment elles interagissent en tel ou tel domaine. Nous discernerons ainsi les chances et les menaces dont elles sont porteuses. Il nous restera à nous demander comment contenir les plus dangereuses et prendre appui sur les autres pour construire un monde plus habitable tant qu'il est encore temps.

Un monde de vieux, un continent de jeunes

La caractéristique première de ce monde est sa démographie. C'est aussi, pour une réflexion sur le futur, l'indicateur le plus fiable. Comme tous les analystes des réalités sociales, les démographes se trompent toujours, mais beaucoup moins que les autres. Leur science est « la petite aiguille de la montre », disait Alfred Sauvy, l'un des pionniers en France de cette science. C'est elle qui dit l'essentiel. Que nous annoncent les prévisions démographiques des Nations unies pour 2050 ?

En 1980, la population mondiale atteignait 4,4 milliards de personnes. L'Asie en représentait 60 % avec 2,5 milliards d'habitants ; l'Afrique, seulement 10 %. À cette époque, la principale inquiétude des démographes était l'« explosion de population » dans ce que l'on appelait, alors, le « tiers-monde ». Elle s'est produite, portant la population mondiale à 9,5 milliards d'habitants et très probablement à 9,7 en 2050. Mais la progression a été très inégale. La population des pays émergents s'est accrue de 54 % entre 1960 et 1980, contre 22 % pour les pays développés. Depuis 1980, les choses ont graduellement – mais énormément ! – changé. Les taux de croissance se sont réduits, à l'exception notable du Moyen-Orient et de l'Afrique subsaharienne. Les Nations unies annoncent pour 2050 une population totale en Afrique de 2,5 milliards, atteignant ainsi 25 % du total mondial. En revanche, et de façon impressionnante, le reste du monde a maintenant amorcé une tendance au vieillissement. La principale inquiétude dans la plus grande partie du monde est ainsi passée de la crainte de surpopulation au souci de voir le vieillissement réduire la main-d'œuvre disponible et affecter de multiples manières les conditions de vie. Le Japon en offre un exemple préoccupant : sa population totale a déjà atteint son maximum ; elle pourrait diminuer de 15 % entre 2015 et 2050. La Corée et Taïwan suivent la même trajectoire. Dans le futur, le changement le plus important et longtemps imprévu viendra de la Chine ; elle vieillira plus vite qu'aucun autre pays du monde au cours de l'histoire.

De leur côté, les populations de l'Europe et de l'ancienne Union soviétique stagnent. L'Amérique latine s'attend à une très modeste croissance du nombre de ses habitants. Ainsi, la plupart des régions développées et en développement partageront désormais des défis démographiques similaires. Au total, vers 2050, un changement spectaculaire du monde se sera produit. Loin de la crainte des conséquences de l'« explosion démographique », le souci primordial sera de s'adapter aux conséquences du vieillissement de la population, voire à sa diminution. Ce bouleversement démographique freinera la croissance globale de l'économie et aura évidemment des répercussions sociales et politiques majeures.

L'Europe amorce ainsi un déclin démographique durable de 738 millions d'habitants en 2015 à 734 millions en 2030, puis 707 millions en 2050. En 2100, l'Europe aura perdu près d'une centaine de millions d'habitants, sa population tombant à 646 millions. Pendant la même période, l'Afrique, peuplée en 2015 de 1,2 milliard d'habitants, aura atteint 4,4 milliards en 2100 sur une population mondiale de 11,2 milliards d'individus. À quelques encablures d'une Europe réduite à 11 % de la population mondiale, l'Afrique en représentera autour de 40 %. Elle connaîtra, à son tour, un début de ralentissement de son rythme de croissance démographique, mais restera durablement le continent de la jeunesse du monde.

Ami lecteur, interrompez, un instant, ici votre lecture pour méditer les conséquences des données qui viennent de défiler sous vos yeux et vont se déployer en une poussée formidable au cours des trois prochaines décennies. Tous les défis que nous rencontrerons trouveront ici leur origine première ; toutes les stratégies qu'il nous faudra échafauder devront prendre ces perspectives en compte et tenter d'y répondre. De la manière dont seront gérés, au cours des trente-cinq prochaines années, le déclin démographique européen et le doublement de la population africaine, dépendra la suite de l'histoire de l'humanité. Beaucoup se jouera dans l'aptitude et la détermination de cette Europe vieillissante à tenir la promesse prophétique de Robert

Schuman, lançant la Communauté européenne du charbon et de l'acier le 9 mai 1950 : « L'Europe pourra, avec des moyens accrus, poursuivre la réalisation de l'une de ses tâches essentielles : le développement du continent africain. » Ce livre s'attachera à identifier les moyens d'honorer cette ambition. Elle est essentielle. La destinée des hommes et des femmes sur les deux rives de la Méditerranée lui est liée. Rien n'est plus nécessaire que sa réussite, mais elle est loin d'être assurée.

En observateur lucide, mon ami Jean Boissonnat, dans son merveilleux dernier livre, *2029, ou Comment j'ai traversé trois siècles en cent ans* (Salvator, 2009), résume notre situation en quelques mots lumineux : « En un siècle, la répartition de la population mondiale va être complètement bouleversée, et cela s'amplifiera par la suite. Les autorités politiques auront à gérer ces phénomènes générateurs d'affrontements entre les groupes sociaux ; la lutte des ethnies se substituera à la lutte des classes. Mais les armistices sociaux seront peut-être plus difficiles à négocier dans ce cas que dans celui de la lutte des classes. Nous serons en présence de la plus grande révolution du XXIe siècle. Elle ne sera pas sans conséquences sur les autres révolutions de notre époque : révolution technologique, révolution économique, révolution sociale, politique et culturelle. L'espèce humaine est entrée en mutation. »

Un monde en croissance continue

Une des questions qui tarabustent le plus nos contemporains est celle de la croissance envisageable pour les prochaines décennies. Elle rencontre souvent, dans notre pays, des réponses peu rationnelles. Celles des rêveurs ou des démagogues : une croissance « relancée » par des mesures qui se flattent de leur hétérodoxie retrouverait des taux proches de ceux des Trente Glorieuses et nos problèmes les plus graves – emploi et pauvreté – seraient résolus comme par enchantement. À l'opposé, on nous parle de la « croissance zéro », soit qu'on la souhaite dans l'espoir de nous établir dans un monde apaisé, libéré de ses rythmes fous, soit qu'on la déplore telle une fatalité inscrite dans notre vieillissement, notre endettement et la concurrence triomphante des pays émergents. L'examen serein des données objectives ne justifie ni ces fantasmes ni ces craintes. Il révèle l'existence, au niveau mondial, de puissants moteurs de croissance susceptibles de maintenir approximativement à son niveau actuel – certes peu enivrant – la croissance globale. Un tel résultat, cependant, ne nous sera pas donné. Il appellera de la part de tous les pays le maintien d'une gestion rigoureuse et, pour beaucoup, de plus grands efforts de discipline budgétaire dans la conduite de leur économie. Pour identifier le mieux possible les évolutions économiques envisageables, l'Emerging Markets Forum a élaboré un certain nombre de scénarios. Il en présente quatre dans son étude. Nous les résumons en annexe. Contentons-nous, pour l'instant, de reprendre brièvement les conclusions du scénario central, le plus vraisemblable, sur lequel nous allons nous appuyer tout au long de cet ouvrage[1].

Selon ce scénario central, les pays émergents et en développement croîtraient à un rythme annuel moyen de 4 % sur la période 2016-2050. Ce taux pourrait atteindre 5 % pour l'Afrique subsaharienne, 4 % pour les pays émergents d'Asie, 3,1 % pour les pays d'Amérique latine et 3,4 % pour ceux du Moyen-Orient. Celui des pays émergents d'Europe, du Sud et de l'Est serait limité à 1,7 %. Celui enfin des pays avancés d'Europe et d'Amérique serait sur une moyenne de 1,8 %. D'ici à 2050, le taux de croissance de l'économie mondiale déclinerait peu à peu, du fait de l'accession à la maturité économique des pays émergents et au fil de la réduction progressive du rythme de croissance de la population à travers le monde, à l'exception notable de l'Afrique subsaharienne.

Ce scénario nous conduirait à une économie mondiale très différente de celle que nous connaissons

1. Comme de nombreuses statistiques seront citées dans ce livre, elles seront toujours établies sur la base des parités des pouvoirs d'achat, pour rendre compte le mieux possible des conditions effectives de vie des pays considérés et éviter les pièges mouvants des taux de change des marchés.

aujourd'hui. Sa taille, en termes de PIB, pourrait presque tripler pour atteindre 339 000 milliards de dollars. Le monde serait donc sensiblement plus riche. Le revenu par tête en moyenne mondiale s'approcherait de 35 000 dollars, contre 15 000 aujourd'hui. Cela s'accompagnerait de progrès très substantiels du niveau de revenu et des conditions de vie des populations de pays que nous considérons actuellement comme en développement.

En 2050, 79 pays auront un PIB par tête plus haut que le revenu moyen actuel de l'Europe du Sud (Espagne, Portugal, Grèce et Italie). La distinction entre pays développés et en développement – qui était si évidente il y a cinquante ans – se sera sensiblement atténuée. 5,5 milliards de personnes (soit près de 60 % de la population mondiale en 2050) vivront dans ces 79 pays, alors qu'aujourd'hui seulement 1 milliard de personnes (soit 14 % de la population mondiale actuelle) bénéficient de telles conditions. C'est donc un nouveau monde, en principe plus prospère, qui s'annonce. Entre temps cependant, l'éradication de l'extrême pauvreté, tout particulièrement en Afrique, demeurera une tâche essentielle. Elle sera rendue difficile par une tendance permanente à l'accroissement des inégalités. Si ce défi n'était pas relevé, les chances de la prospérité attendue seraient remises en cause.

Quelques autres différences peuvent être soulignées à ce stade. En 2050, l'Asie émergente verra son produit atteindre 51 % du produit mondial global. La Chine, l'Inde, le Japon et l'Indonésie auront pris la tête de cette progression. Les progrès de l'Asie seront tels qu'ils porteront son produit au niveau de sa part dans la population mondiale, dont il était jusqu'ici très éloigné. Les pays d'Asie retrouveront ainsi le poids relatif qui était le leur dans le monde avant la révolution industrielle. Leur revenu par tête, cependant, ne dépassera pas encore 37 000 dollars, soit un peu moins de la moitié de celui des pays développés, qui s'élèvera, à ce moment-là, à 79 000 dollars.

À la fin de cette période, les trois plus grandes économies du monde seront, de loin et dans cet ordre, la Chine, l'Inde et les États-Unis ; à elles trois, elles atteindront près de la moitié du produit mondial. La liste des dix plus grandes économies n'inclura plus que quatre autres pays avancés d'aujourd'hui : le Japon, l'Allemagne, le Royaume-Uni et, de justesse, la France.

Qu'en sera-t-il de l'Europe ? Le rang relativement flatteur de l'Allemagne et de la France dans ce groupe des Dix ne doit pas faire illusion. Le déclin relatif de son poids économique est tel que seule une Union européenne plus étroite et vigoureusement refondée pourra prétendre avoir sa place dans le cercle étroit d'un directoire mondial. La France, en dehors d'une telle union, risquerait de ne pas peser davantage pour la gouvernance du monde que la Thaïlande aujourd'hui.

L'Asie gardera son premier rang en termes de dynamisme économique. Elle assurera 61 % de la croissance globale de la période 2015-2050 ; les pays avancés d'aujourd'hui la suivront avec seulement 20 %. Le reste du monde – en particulier l'Amérique latine et l'Afrique subsaharienne – ne comptera que pour 20 %, sauf si ces autres régions viennent à améliorer sensiblement leurs performances en s'appuyant, comme le voudrait un scénario alternatif, sur des politiques très rigoureuses.

Au total, on observe que, même en cours de ralentissement, la croissance du monde s'accompagnera d'un formidable glissement tectonique déplaçant d'ouest en est le centre de gravité de ce monde plus riche, mais encore très inégalitaire.

Notons, enfin, que ce scénario central envisage un avenir au cours duquel les pays demeurent sur la trajectoire qu'ils ont suivie dans le passé. Pour s'y maintenir, cependant, chaque pays devra continuer à améliorer ses politiques pour la simple raison que, pour rattraper les économies les plus développées elles-mêmes en progrès, il leur faudra accroître leur productivité et leur compétitivité. Ce défi sera ardu. Il leur faudra surmonter un grand nombre d'obstacles, politiques, sociaux et institutionnels, qui surgiront en cours de route.

La percée des économies émergentes

D'immenses changements se font jour dans la composition et la structure de l'économie mondiale. Nous assistons à un renversement des équilibres économiques et politiques du monde. En 1980, les économies du G7 représentaient 52 % du PIB global. Aujourd'hui, les marchés émergents totalisent ce même pourcentage du PIB global. En moins de quarante ans, les poids relatifs des pays avancés et émergents se sont inversés. L'Ouest n'est plus le maître du monde. Beaucoup d'autres développements illustrent la profondeur de ces changements. L'économie mondiale ne dépend plus de façon prédominante des consommateurs américains et européens, mais au moins autant des investisseurs et consommateurs des marchés émergents. La contribution de ces derniers pays à la croissance de l'investissement global est maintenant supérieure à celle des pays à haut revenu. Simultanément, on observe que les phases cycliques d'expansion et de repli des pays en développement et celles des pays à haut revenu sont aujourd'hui fortement synchronisées et que les évolutions de leurs économies sont davantage interdépendantes.

Les chiffres de notre scénario central suggèrent que ces tendances devraient se prolonger. Vers 2050, les économies émergentes représenteront entre 65 et 75 % du produit global ; l'ancien G7, 15 %. La plus forte croissance viendra de l'Asie qui, en 2050, totalisera la moitié ou plus du PNB mondial. La part de l'Asie, fournira aussi le plus gros de l'épargne, de l'investissement, de la consommation et du commerce mondial.

Les pays du G7 conserveront un PIB par tête (78 700 dollars) nettement plus élevé que celui des économies émergentes (29 000 dollars). Mais, dorénavant, l'augmentation de la croissance du PNB global, des épargnes et des investissements commerciaux proviendra surtout des marchés émergents, et singulièrement d'Asie.

Ce renversement des rapports de force économiques sera accompagné par des mouvements analogues dans la sphère de la gouvernance mondiale. En 1980, le poids économique du G7 était de 51 % du PIB mondial ; celui des pays émergents et en développement n'était que de 35 %. Le G7 pouvait donc se sentir légitime à exercer un *leadership* informel de l'économie mondiale. Nous venons, au cours des dernières années, de vivre la « grande inversion ». En 2015, les pays émergents et en développement, avec 52 % du PIB mondial, dépassent les pays avancés, qui n'en représentent plus que 47 % – l'Europe des Vingt-huit se réduit à 17 %, et les États-Unis et le reste du monde à 30 %.

Deux questions fondamentales se trouvent ici posées. Celle de la réorganisation de la gouvernance mondiale, d'abord. Le monde tel que nous le connaissons était jusqu'ici unipolaire, conduit par les

États-Unis, appuyés, vaille que vaille, par leurs alliés du G7. Il devient désormais multipolaire, et des pays tels que la Chine et l'Inde ont toute légitimité pour accéder à un nouveau directoire mondial. L'avenir du monde dépendra des modalités de ce changement : le G7 serait bien inspiré de ne pas se faire imposer l'abandon d'un statut suranné et de prendre plutôt l'initiative d'un dialogue ouvert sur ce changement de structure avec les autres candidats à un *leadership* multilatéral. Il pourrait ainsi participer pleinement à la définition d'une nouvelle gouvernance mondiale qu'il ne dominera plus, mais au sein de laquelle il pourra continuer de jouer un rôle à la mesure de l'histoire des pays qu'il a regroupés jusqu'ici.

Une autre question – à peine moins importante – se pose cette fois aux Européens. Il suffit d'examiner les perspectives de poids respectifs de chacun des principaux pays de l'Union en 2050, avant même la réalisation du Brexit. Nous venons de le noter : aucun d'eux, par son simple poids économique, ne pourra prétendre individuellement à un siège à un directoire restreint du monde. Seule une Europe politiquement unie y sera éligible et conservera, dans les affaires du monde, l'influence qu'elle mérite et que beaucoup d'autres pays souhaitent lui voir exercer. Il faut pour cela qu'elle reprenne sans délai sa marche vers une union renouvelée et approfondie. Il est de la plus haute importance que les peuples européens soient pleinement conscients de l'enjeu de ces nouvelles négociations : le choix pour leur propre avenir entre un destin mondial ensemble et la résignation à l'insignifiance, si ce n'est à la vassalité.

Une urbanisation galopante

Nous le savons depuis la nuit des temps : l'homme construit la ville pour y habiter, se garder des dangers, vivre avec les autres. Le livre de la Genèse l'indique de façon lumineuse : même si le mal restera toujours tapi au fond du cœur des hommes, la ville leur sera donnée comme à Caïn, le premier criminel, pour être le lieu de ses industries, de la musique, du chant et de tous les arts qui charmeront leurs vies. Les villes créeront les civilisations. Elles n'ont pas manqué à leur vocation. L'histoire du monde est conduite et illuminée par le rayonnement d'une succession de grandes capitales : Babylone, Athènes, Rome, puis, à partir de la fin du premier millénaire, les villes de l'Europe du Nord – Anvers, Gênes, Amsterdam –, entre lesquelles Venise s'était faufilée. Leur succédèrent les grandes capitales de l'orbite anglo-saxonne – Londres, Boston et New York ; Paris, de son côté, se donnant le statut de ville-lumière. Vinrent enfin Berlin, Los Angeles, Shanghai… dans l'attente d'une ou plusieurs grandes métropoles africaines. L'histoire, en effet, se poursuit et s'accélère. Entre aujourd'hui et 2050, le monde connaîtra un formidable développement urbain.

En 1980, la majorité des habitants du monde vivaient dans des zones rurales. Actuellement, un peu plus de 50 % de sa population vit dans les villes : l'Amérique latine vient de rejoindre les sociétés majoritairement urbanisées : l'Amérique du Nord, l'Europe et le Japon. Il y avait, dans le monde en 1990, 10 villes de plus de 10 millions d'habitants ; il y en avait déjà 28 en 2016. Il y en aurait plus de 40 en 2030. Certaines de ces villes de 20 à 30 millions d'habitants auront des populations deux ou trois fois plus nombreuses que celles de beaucoup d'États actuels[1]. On voit ainsi s'esquisser un glissement – sinon du pouvoir, du moins du rayonnement international – des États vers les villes. La plus spectaculaire migration des zones rurales vers les villes s'est produite en Asie. C'était encore en 1970 une société rurale : 20 % de sa population seulement habitait en ville. En 2050, selon les Nations unies, la population urbaine de l'Asie atteindra 3,3 milliards, dont plus de 1 milliard en Chine. Le rythme de l'urbanisation restera plus modéré en Asie du Sud-Est et en Amérique latine. En revanche, elle s'accélérera en Asie du Sud et en

1. C'est déjà le cas de Tokyo avec 38 millions d'habitants, de Shanghai avec 35 millions, de Djakarta avec 31 millions, de Delhi avec 25 millions ; Le Caire et Mexico n'en sont pas loin. Paris arrive trentième dans cette course au gigantisme.

Afrique subsaharienne : la population urbaine pourrait y quadrupler. Au total, en 2050, sur une population mondiale de 9,7 milliards, 6,3 milliards – soit les 2/3 – seront urbanisés.

Environ 95 % de l'accroissement net de cette population urbaine devrait intervenir dans les économies émergentes. Un chiffre donne une idée concrète de cet essor de la population urbaine en Afrique subsaharienne : il portera sur 800 millions de personnes entre 2010 et 2050, soit une population supérieure à celle de toute l'Europe d'aujourd'hui ! Imagine-t-on quel effort d'investissement impliquerait la reconstruction intégrale de toute l'Europe, si une catastrophe de grande ampleur venait à la detruire entièrement ? Telle est la dimension du défi auquel il va falloir faire face en Afrique. Ne le jugeons pas hors de portée. Souvenons-nous plutôt de la hauteur de vue, de l'effort et du *leadership* dont les États-Unis ont été capables au lendemain de la Seconde Guerre mondiale, pour contribuer avec le plan Marshall à la reconstruction de l'Europe. Un défi semblable attend le monde en Afrique, pour faire de ses villes des lieux d'épanouissement humain.

Ces grandes métropoles jouent un rôle essentiel dans la compétitivité économique, la qualité de vie et la stabilité sociale d'un pays. Le professeur Gregory Ingram, dans sa contribution à *The World in 2050*, souligne divers avantages économiques des taux élevés d'urbanisation. Ils sont associés à la forte chute des taux de « dépendances démographiques » : le rapport entre le nombre des actifs et celui des enfants et des personnes âgées y est favorable. Cela contribue à un taux de croissance économique élevé. Urbanisation et développement économique vont de pair. Dans les pays en développement, la productivité moyenne des travailleurs urbains est de trois à cinq fois supérieure à celle des ruraux. La croissance de la productivité dans les villes se traduit par un effort cumulatif d'enrichissement. En revanche, l'urbanisation s'accompagne d'une disparition de surfaces cultivables, alors que l'accroissement de la population se poursuit. L'amélioration des conditions de vie de la population rurale et de la productivité de l'agriculture doit donc progresser simultanément à un rythme, lui aussi, rapide.

Vers 2050, dans bien des économies, entre 80 et 90 % de la production proviendront des zones urbaines et, avec elle, entre 70 et 80 % du total des émissions de gaz carbonique. Les villes doivent partout se moderniser pour faire face à cet afflux de population et améliorer la qualité de vie de leurs habitants. Il leur faut simultanément répondre aux attentes et aux aspirations de plus en plus pressantes d'une classe moyenne en prompte augmentation. En Asie et en Afrique, les migrants ont afflué dans des bidonvilles et des squats. Dans la plupart de leurs capitales et dans beaucoup d'autres villes d'Amérique latine, de 25 à 30 % de la population vit dans des bidonvilles privés des services essentiels (eau, égouts, assainissement, électricité, etc.). On atteint là le plus profond de la misère humaine. Partout, la pression d'une population croissante et l'insuffisance des investissements se traduisent par une détérioration continue des services collectifs. Les pouvoirs publics doivent mettre un terme à cette dégradation en s'efforçant de rendre les villes à la fois plus belles, plus « intelligentes », tout simplement plus vivables, au moment où leur population multipliée continue de s'accroître à un rythme stupéfiant. Faute d'un tel effort, ces pays se trouveront confrontés à d'épouvantables régressions des conditions de vie et au risque d'explosions sociales.

Nous savons désormais que l'avenir du monde se jouera dans les énormes conurbations qui vont se multiplier. Deviendront-elles les cloaques de l'humanité ou les lieux où, comme souvent dans l'histoire, les civilisations ont fleuri ? La communauté mondiale est confrontée, là, à l'un de ses plus grands défis. Les misérables conditions de vie actuelles des populations de ces conurbations – en dehors de l'opulence de quelques quartiers privilégiés – pourraient nous faire douter de nos capacités à en venir à bout. Les autorités municipales sont partout prises de court devant ces arrivées massives de nouveaux habitants souffrant durablement d'un déracinement culturel critique. Il n'y a pourtant pas de fatalité pour que ces nouvelles conurbations deviennent des lieux pestilentiels de révoltes et de conflits. Notre génération doit tenir l'immémoriale promesse de la ville d'être le lieu privilégié de la proximité entre les hommes, de leurs échanges et de leur « vivre ensemble », l'espace fertile de toute civilisation humaine. Il faut donc nous tenir prêts à donner une haute priorité à l'humanisation de cette urbanisation galopante. L'effort d'investissement pour les équipements collectifs indispensables sera gigantesque. Il sera, le plus souvent, hors de la portée des pays en cause. Il devra mobiliser l'épargne du monde entier. Une évaluation des Nations unies donne une idée, certes très approximative, de ce défi : au rythme actuel, parmi les 9,7 milliards d'habitants du monde en 2050, 2 milliards risquent d'être voués à vivre dans des bidonvilles. Est-ce acceptable ? Pouvons-nous nous résigner à ce que 20 % de l'humanité – et très certainement une proportion encore plus importante de ses enfants – partage le sort des habitants actuels des *slums*, des *favelas* et des *villas miseria* ?

Il y a là une immense tâche. Là sera mise en évidence l'aptitude de la communauté mondiale à prendre en main son avenir.

Un commerce international en progrès

Au cours du siècle dernier, le facteur clé de la croissance mondiale a été la mondialisation des échanges d'idées, du commerce international et des flux de capitaux. La part du commerce de marchandises dans le PNB mondial est passée ainsi d'environ 17 % en 1960 à près de 50 % en 2014.

Les pays en développement – qui ont su prendre le risque de s'ouvrir au commerce mondial – ont été les premiers à y trouver un puissant stimulant au développement ; ils ont singulièrement amélioré ainsi leurs performances. Dans une moindre mesure, tel a été le cas aussi de l'Amérique du Nord et de l'Europe. Tout porte donc à croire que cette tendance lourde à une mondialisation économique et financière se poursuivra et que les économies émergentes continueront sur cette voie. Cela devrait les amener à prendre davantage en compte les implications de la globalisation dans leurs stratégies. L'expérience leur a aussi révélé que l'intégration dans l'économie globale les expose davantage aux fluctuations en dents de scie des marchés financiers ou commerciaux. Renforcer leur résilience aux aléas conjoncturels et aux chocs extérieurs devra donc devenir une partie intégrante de leurs nouvelles stratégies.

Sur la base de telles hypothèses, on peut s'attendre à voir, pendant les prochaines années, la part de l'Asie s'accroître très sensiblement dans le commerce mondial, tout comme sa part dans l'épargne et les investissements mondiaux.

Nous avons, certes, connu en 2016 une phase de quasi-stagnation du commerce mondial à la suite de la grande récession que le monde vient de traverser. Les experts les plus qualifiés considèrent pourtant que ce sérieux « trou d'air » ne devrait pas trop affecter les tendances longues observées jusqu'ici. Ils fondent notamment leur conviction sur les récentes avancées vers de grands accords régionaux entre quelques-unes des principales nations commerçantes. Ce sont le Partenariat transatlantique sur le commerce et l'investissement (PTCI) entre les États-Unis et l'Europe, un accord entre le Japon et les États-Unis, ainsi que les discussions à plus long terme sous l'égide de l'initiative « ASEAN plus six ». Certes, le président Trump a décidé de retirer son pays du Partenariat transpacifique et ne cesse de tempêter contre l'OMC ; mais ce domaine ne sera probablement pas le seul où on le verra mettre de l'eau dans son vin.

Ces nouveaux accords régionaux contrastent avec les trop longues périodes d'impasse des négociations du cycle de Doha sur les nouvelles règles du commerce mondial. Ce sont aujourd'hui d'utiles palliatifs mais la relance de l'OMC et son adaptation aux nouvelles caractéristiques du commerce mondial demeurent indispensables. La confiance de la plupart des experts dans la poursuite de l'expansion du commerce mondial se fonde sur trois raisons. Leur conviction, d'abord, que l'ouverture au commerce mondial profite partout aux pays et à leurs consommateurs. Ensuite, l'attitude d'ouverture particulièrement déterminée de l'Asie à cet égard. La conviction, enfin, que si la mondialisation a ses « perdants » et des effets localement pervers, des mesures efficaces de soutien temporaire à ces derniers devraient rendre leur légitimité aux politiques d'ouverture commerciale.

Il reste que les déclarations de tonalité très protectionniste de Donald Trump au cours de sa campagne présidentielle ont jeté une ombre sur les perspectives d'une expansion continue des échanges d'ici à 2050. Rares sont donc ceux qui se hasardent aujourd'hui à tenter d'évaluer dans quelle mesure les orientations du nouveau président pourraient infléchir durablement les tendances profondes du commerce mondial. De toute manière, le président Trump semble s'être trompé de combat. Il livre, comme les vieux généraux, la bataille d'hier. Nous passons en effet, actuellement, par une phase de transition entre l'ancien modèle commercial – fondé sur la production nationale et des obstacles tarifaires au commerce pour protéger les producteurs – et le nouveau modèle des échanges, basé sur une production transnationale et des régulations nationales protégeant les consommateurs. Ce changement de nature des obstacles au commerce, avec une importance croissante des règles et des normes, transformera radicalement les paramètres de la nouvelle génération d'accords commerciaux. Même si la protection des producteurs des pays faibles garde un sens pendant la période de démarrage d'une activité, il y a maintenant consensus sur le fait que l'ouverture des échanges dans le respect de règles équitables profite à la croissance et au bien-être des peuples. La manière de parvenir à ces arrangements évolue. Aujourd'hui, la protection des producteurs doit tenir compte du fait que les économies s'intègrent selon des chaînes de valeurs mondiales et que les États doivent se soucier de plus en plus de la protection des consommateurs contre toutes sortes de risques par des normes et des standards. Avec la croissance des niveaux de vie à travers le monde, le degré de précaution va certainement augmenter, entraînant la multiplication de ces nouvelles barrières non tarifaires. Pour mettre tout le monde sur un pied d'égalité pour la production, il faudra supprimer ou diminuer les divergences entre ces dispositions (niveau de précautions, processus de convergence réglementaire, etc.). Tel sera l'objet – particulièrement complexe – des négociations commerciales de l'avenir.

Retenons, pour l'instant, la très sage conclusion de Pascal Lamy : « Malgré la tendance à une croissance positive du commerce mondial à long terme, les économies émergentes et en développement vont devoir anticiper de nombreux risques de ralentissement sur la route du développement durable. Une crise des cycles de crédit, les progrès dans les technologies, l'imprimante 3D et la robotique pourraient aussi induire des changements structurels qu'il leur faudra anticiper. Le défi le plus décisif du XXIe siècle reste pourtant la convergence réglementaire ; c'est la responsabilité des économies émergentes et avancées d'empêcher qu'elle ne provoque une nouvelle fragmentation du commerce mondial. Leur intérêt commun est de promouvoir un traitement sans heurt de ce processus, pour prévenir d'autres importants déséquilibres et l'instabilité qui risquerait d'en résulter. » Le multilatéralisme a dans ce domaine aussi de grands services à rendre.

Globalisation de la finance : des marchés financiers plus intégrés et plus instables

Une simple remarque préalable. Ce singulier, « la finance », est un pluriel : la finance, ce n'est pas seulement la banque. Ce sont aussi les finances publiques et privées, avec tous leurs métiers, tous vilipendés ces derniers temps, mais tous essentiels au fonctionnement de l'économie. Parmi les dynamiques structurantes du monde, la globalisation de la finance est l'une de celle qui exercera, pour le meilleur ou pour le pire, la plus grande influence sur le développement des prochaines décennies. La finance est donc confrontée à la nécessité d'une radicale mutation pour être désormais reconnue, loin des excès et des dérives prédatrices d'hier, comme réellement au service de l'économie mondiale qui émerge aujourd'hui.

Au cours des cinquante dernières années, nous avons assisté à une croissance impressionnante de la taille et de la profondeur des marchés financiers. Ils sont devenus mondiaux. Entre 1990 et 2007, veille de la grande crise financière, les actifs financiers globaux ont bondi de 56 000 à 206 000 milliards de dollars. Dans ce contexte, les flux de financements privés en direction des marchés émergents ont grimpé en flèche. Ils dépassent de loin aujourd'hui les apports de capitaux publics – qui demeuraient, depuis la Seconde Guerre mondiale, la principale source de capitaux extérieurs des économies en développement. Parallèlement, les marchés financiers intérieurs des pays émergents en forte croissance (tels la Chine, l'Inde, le Brésil, la Turquie et la Corée) ont connu une expansion rapide. Celle-ci a favorisé l'essor de leur épargne locale et de leurs investissements. Le processus d'allocation du capital s'est trouvé amélioré. Cet ensemble de facteurs, associé à de meilleures politiques macroéconomiques, a permis un plus haut niveau de croissance. Ils sont bénéfiques mais ne permettent pas de passer sous silence les risques qui les accompagnent.

Nos études suggèrent que, en 2050, les actifs financiers détenus par les économies émergentes pourraient dépasser 700 000 milliards de dollars, soit plus d'une fois et demie la totalité des avoirs correspondants des économies avancées (420 000 milliards de dollars). L'Asie émergente à elle seule détiendrait 76 % des actifs financiers des économies émergentes, suivie par l'Amérique latine avec 11 %.

Les évaluations ci-dessus ne sont bien entendu que des ordres de grandeur, et beaucoup d'incertitudes subsistent sur la manière dont les marchés financiers vont évoluer dans chaque pays. On peut en revanche s'attendre à ce que, vers 2050, le total des actifs des économies de marché émergentes dépasse la moitié des actifs financiers mondiaux.

À la lumière de l'expérience des crises financières des trois dernières décennies, les économies émergentes doivent s'interroger sur le rôle de la finance dans une nouvelle perspective complexe d'interactivité systémique. Des risques très importants peuvent apparaître, liés aux autres dynamiques structurelles, qu'il s'agisse des menaces géopolitiques, démographiques, technologiques, voire du changement climatique. Pour se prémunir contre de tels risques, ces pays devraient faire une part plus grande aux émissions d'actions dans leur financement ; ils réduiraient ainsi leur excessive dépendance à l'endettement. Cela accroîtrait leur résilience et favoriserait le partage des risques. L'ensemble du système financier s'en trouverait renforcé et les risques de crises s'en verraient réduits. Dire cela est déjà une invitation à un changement substantiel dans les stratégies des grands gestionnaires financiers. Mais il y a plus : d'autres problèmes immenses devront être pris en considération. Trois d'entre eux méritent une attention particulière.

Le premier est celui de l'équation financière globale. L'épargne que nous voyons exploser est de nature privée, alors que la part la plus importante des besoins à financer (infrastructures urbaines, lutte contre le changement climatique, etc.) est de nature publique. Nous serons donc en présence d'un immense problème d'intermédiation financière internationale.

Le deuxième est encore plus fondamental : il tient à l'incapacité dans laquelle les gouvernements se sont trouvés jusqu'ici de s'entendre sur un système monétaire international qui garantisse la stabilité nécessaire à un développement économique durable.

Le troisième, enfin, touche au plus profond. Il s'agit de la place que nos sociétés assigneront à la finance dans l'avenir. Conservera-t-elle le statut privilégié dont elle a bénéficié jusqu'ici ? Ou alors, soit par pure sagesse, soit sous la pression des gouvernements ou des opinions publiques, saura-t-elle tirer les leçons de la crise et reconnaître qu'elle n'a de légitimité qu'au service de l'économie ?

L'EXPLOSION DES CLASSES MOYENNES DANS LES ÉCONOMIES EN DÉVELOPPEMENT

Le monde devrait assister, d'ici à 2050, à une croissance d'une rapidité saisissante de la classe moyenne telle que les Nations unies la définissent, à savoir « la partie de la population disposant d'un revenu de 10 à 100 dollars par tête et par jour ». Même s'il y a loin entre cette définition des classes moyennes et la représentation que nous en avons dans les pays avancés, il y a là, pour les économies émergentes, un phénomène dominant de ce siècle comparable à celui qu'ont connu les États-Unis et l'Europe au siècle dernier. Ce phénomène sera tout particulièrement évident en Amérique latine et en Asie. L'émergence massive de cette classe moyenne aura des implications économiques, sociales et politiques de première grandeur, probablement très positives pour ces sociétés. En 2050, la proportion de la population totale du monde appartenant aux classes moyenne ou supérieure devrait dépasser 82 %, soit 7,8 milliards de personnes. 4 milliards de consommateurs supplémentaires apporteront ainsi un puissant stimulant à la consommation, à l'épargne et à la croissance globale.

Où ce phénomène se manifestera-t-il surtout ? En termes absolus, l'Asie et l'Amérique latine en absorberont la plus grande partie. Il s'est déjà puissamment amorcé au cours des quinze dernières années en Amérique latine, à la suite d'une forte croissance économique et de la diminution bienvenue – mais encore modeste – des inégalités entraînée par les programmes de réduction de la pauvreté au Brésil et au Mexique. En 2014, les personnes relevant de la classe moyenne atteignaient 65 % de la population d'Amérique latine. Ce taux est le plus élevé de toutes les régions en développement. Une augmentation analogue s'est produite plus récemment en Asie : en Chine, en Inde, en Indonésie et au Vietnam.

Sur la base des tendances actuelles, vers 2050, plus de 90 % des Latino-Américains et presque toute l'Asie orientale auront atteint les niveaux de revenus des classes moyenne ou supérieure. Dans ces deux régions, la pauvreté absolue – selon les standards actuels – aura pratiquement disparu. Le nombre total de personnes disposant d'un niveau de revenus moyen ou supérieur pourrait approcher 2,3 milliards en Asie orientale et 700 millions en Amérique latine. De même, le Moyen-Orient, l'Asie centrale et l'Inde seront majoritairement peuplés de personnes bénéficiant d'un tel revenu. Bien qu'à un niveau de moyens bien moindre, elles rejoindront les populations des classes moyenne ou supérieure d'Amérique du Nord, d'Europe, du Japon, d'Australie et de Nouvelle-Zélande. L'Afrique sera engagée sur la même voie. Au total, et pour la première fois dans l'histoire, la majorité de l'humanité appartiendra à la classe moyenne.

Ce phénomène est évidemment bienvenu ; mais la planète pourra-t-elle y faire face ? La grande question est celle de la mesure et du rythme auxquels ces classes moyennes des pays émergents chercheront à adopter les modes de vie et de consommation des pays développés, et la manière dont l'économie globale pourra y faire face. C'est une des questions les plus délicates qu'il nous faudra prendre en compte dans notre réflexion sur l'équilibre du monde en 2050, au vu de la finitude des ressources naturelles de la planète.

La finitude des ressources naturelles

L'aisance croissante de 4 milliards d'Asiatiques, de Latino-Américains et d'Africains rejoignant la classe moyenne d'ici à 2050 accroîtra massivement leur demande de biens de consommation et d'équipement. Cela contribuera à intensifier la compétition, déjà vive, pour l'accès aux ressources naturelles. La relative rareté de certaines d'entre elles (eau, sources d'énergie, minéraux, terres cultivables, etc.) explique les stratégies d'appropriation actuelles d'acteurs majeurs, publics ou privés. Or, ce n'est qu'un début. On imagine mal les dimensions sans précédent que ce problème pourrait revêtir si les nouveaux membres des classes moyennes, constamment sollicités par la mondialisation des messages publicitaires, choisissaient, en grande majorité, d'adopter le style de vie actuel des pays développés. L'équilibre précaire entre l'offre mondiale de ressources naturelles et leur demande serait rompu. Des efforts majeurs d'adaptation à cette nouvelle donne s'imposeraient partout, à moins que quelques spectaculaires percées technologiques ne viennent nous tirer d'affaire.

Ce phénomène nous ramène ainsi à des questionnements sur la durabilité de la croissance. Cette inquiétude n'est pas nouvelle : exprimée d'abord par Thomas Malthus au XVIIIe siècle, elle refait surface chaque fois que le monde connaît une période de croissance rapide. La grande nouveauté aujourd'hui est que les habitants de la planète touchent du doigt des limites dont, jusqu'ici, ils n'avaient guère d'idées précises : ils savent désormais que certaines ressources deviennent rares, voire pourraient disparaître. Ils savent aussi que la population continuera de croître au moins jusqu'à la fin de ce siècle, et donc que la généralisation d'habitudes de surconsommation souvent compulsive les mène à une redoutable impasse. Un autre risque plus immédiat préoccupe, pour l'instant, davantage les dirigeants des pays émergents après les aubaines qu'ils ont connues jusqu'à 2012 : c'est celui du ralentissement prononcé des dynamismes de la croissance, lié à la fin du « supercycle des matières premières » intervenue en 2012.

Ce « supercycle des matières premières » s'est développé entre 2003 et 2012, en réponse aux besoins gigantesques de ces produits dans des pays en croissance rapide comme l'Inde et la Chine. Leurs prix ont enclenché une puissante tendance haussière. Le boom des matières premières après 2005 a porté les prix à des niveaux records, pour le plus grand bénéfice des pays producteurs. Pendant cette période, le mouvement des prix de l'énergie, des minerais et des produits agricoles a été plus étroitement synchronisé que dans le passé, en raison notamment des nouvelles méthodes de négociation et de couverture sur les marchés financiers. À n'en pas douter, à l'avenir, ces mouvements synchronisés des prix devraient persister. De même, si l'on peut légitimement espérer que, du fait des progrès technologiques, la part de l'énergie et de la nourriture continue de diminuer par unité de PNB mondial, leur demande globale devrait rester élevée, à l'exception des produits fossiles. Le sort de ces derniers pourrait être différent. Si les programmes de décarbonisation de nos modèles de croissance annoncés par la COP 21 à Paris pour lutter contre le changement climatique sont effectivement mis en œuvre, la demande concernant l'énergie fossile devrait continuer à diminuer jusqu'en 2050. Nul doute, en somme, que le monde devra apprendre à vivre avec la volatilité du niveau des prix des matières premières; il devra tenter, autant que possible, de les maîtriser.

Au-delà de ce cas particulier des matières premières, pour ce qui est de l'ajustement global entre envolée de la consommation et ressources de la planète, diverses modalités doivent être recherchées. Elles auront des effets très différents sur l'équilibre social et politique de chaque pays. Aucune n'est pleinement convaincante. On peut songer d'abord à l'apport de nouvelles technologies susceptibles de réduire les consommations par unité produite ou de permettre la substitution de ressources renouvelables plus abondantes à celles exploitées actuellement. Un recours plus systématique au recyclage devrait diminuer l'énorme volume de déchets produits aujourd'hui. On peut enfin et surtout s'efforcer de promouvoir partout une modification des modes de vie, dans le sens d'une modération voire d'une sobriété collective. Au-delà des effets de ces modalités vertueuses d'ajustement, ce seront des mouvements de prix d'ampleur variable qui boucleront l'équilibre final entre l'offre et la demande des produits clés. Ces mouvements varieront d'intensité ; ils pourront être modérés, mais parfois violents et les plus pauvres seront toujours les plus sévèrement frappés. Dans ce dernier cas, on peut s'attendre à des turbulences dont nous avons eu déjà quelques exemples avec des émeutes de la faim en Tunisie, en Égypte ou ailleurs. Il est possible aussi que des réactions protectionnistes se traduisent par la fermeture des frontières aux exportations de produits d'importance vitale, avec tous les risques de tensions internationales qui peuvent s'ensuivre.

Il est difficile de dire, enfin, dans quelle mesure les inquiétudes de l'opinion publique mondiale, devant la finitude des ressources naturelles, susciteront des réactions responsables, remettant en cause nos modes de vie et nos prélèvements sur des ressources naturelles limitées. De tels changements dans les comportements – encore très minoritaires – se manifestent de plus en plus ; ils attestent une prise de conscience plus vive de notre communauté de destin. Prendront-ils suffisamment d'ampleur ? Il est permis d'en douter, mais il est indispensable de travailler à les promouvoir.

En ce domaine aussi, nous entrons dans un nouvel âge : celui où l'homme, découvrant les limites de son jardin, devra renoncer à en user en propriétaire et en maître absolu au risque de le rendre infertile et rechercher son bonheur dans les joies plus simples de l'intendant, soucieux de le ménager et de le garder fertile pour ses enfants. Les perspectives du changement climatique rendent encore plus crucial ce défi.

Le changement climatique : de l'urgence d'agir

Comme la Conférence de Paris de décembre 2015 l'a montré, il existe un large consensus sur la réalité et les causes du changement climatique et sur son impact crucial sur le bien-être futur de l'humanité.

Le réchauffement global, causé par une forte augmentation des émissions de gaz carbonique, va amener une modification du climat sur toute la planète. Ce changement aura un effet négatif sur bien des pays et, en particulier, sur les nations pauvres d'Afrique et d'Asie et sur certains pays insulaires. Le monde ne peut rester indifférent à leur sort : ils sont les plus menacés alors que leur contribution au réchauffement est insignifiante et que leurs moyens techniques ou financiers pour y faire face sont des plus réduits. Nous savons désormais que le changement climatique multiplie les migrants et menace des vies humaines, surtout parmi les personnes âgées dans les grandes villes ; il met en cause les progrès accumulés pendant des siècles dans les pays avancés ou en développement. Nous ne pouvons ignorer enfin que l'impact sera plus grave encore sur les générations futures si des mesures collectives ne sont pas prises dès maintenant. L'économiste britannique Sir Nicholas Stern a admirablement démontré que tout renvoi à plus tard des mesures d'adaptation nécessaires en accroîtrait démesurément le coût.

On peut penser – avec un brin d'optimisme – que la fréquence accrue des phénomènes météorologiques violents, la fonte des glaciers, la hausse du niveau de la mer, les inondations répétées des côtes et des villes côtières, la disparition d'îles subsistant quasiment au niveau actuel des mers, la forte augmentation de la superficie des territoires frappés par la sécheresse et la détérioration de la qualité de l'air dans les villes pourront rester gérables pendant les deux ou trois prochaines décennies. Au-delà, l'incertitude est bien plus grande et le risque de dommages catastrophiques ne peut plus être exclu, surtout si la température moyenne globale s'élève de plus de deux degrés Celsius en 2100 – ce qui, vu l'insuffisance actuelle des mesures adoptées, reste une haute probabilité.

Il est donc dans l'intérêt de tous les pays – développés, émergents ou en développement – d'engager dès maintenant les mesures de correction nécessaires. Cette obligation s'impose aux pays, aux villes, aux entreprises et à chacun d'entre nous. Tous doivent prendre des mesures d'adaptation à ces changements climatiques désormais inévitables et en passe de s'aggraver si nous différons nos efforts.

La Conférence de Paris a forgé un consensus global sur la meilleure façon d'agir. Presque tous les 196 pays présents ont pris publiquement des engagements volontaires portant sur les actions par lesquelles ils apporteront leur contribution au respect de l'objectif mondial commun de limiter le réchauffement global à un maximum de deux degrés Celsius au-dessus du niveau antérieur à la révolution industrielle.

Après des années de négociations internationales infructueuses, la Conférence de Paris a finalement réalisé ainsi une percée indispensable. Elle est loin, cependant, d'avoir réglé tous les problèmes. Les dernières informations provenant de la communauté scientifique conduisent à penser que, même si tous les engagements pris à Paris étaient tenus, la perspective de hausse au cours des cinquante prochaines années devrait être plutôt de l'ordre de trois degrés que de deux. Il n'en faudra pas davantage pour rendre inhabitables de vastes territoires, notamment en Afrique.

Finitude des ressources naturelles, changement climatique… Avec Jean-Claude Eslin, disons-le tout net : « La catastrophe écologique est en route. Parce qu'il est plus qu'une crise passagère, le dérèglement climatique réclame une réforme profonde de notre façon d'habiter notre maison commune[1]. »

Le vrai test commence donc maintenant : il s'agit de la mise en œuvre, par l'ensemble des pays et par chacun d'eux, de tous leurs engagements. Les sociétés civiles auront un grand rôle à jouer pour s'assurer que leurs gouvernements et leurs entreprises les tiennent correctement. Elles devront aussi prendre toute leur part dans le changement de modes de vie devenus insoutenables. Ils seront indispensables. Ils n'iront pas bien loin si les sociétés civiles, elles aussi, n'en font pas leur propre affaire, mobilisant toutes leurs ressources pour informer l'opinion et promouvoir de nouveaux comportements.

1. *Le Christianisme au défi de la nature*, Cerf, 2017.

Un progrès technologique fulgurant

Notre monde en crise vit aujourd'hui, comme le dit si bien Pierre Giorgini, une « transition technologique fulgurante ». Le rythme de ses progrès s'accélère. De nouvelles percées nous offrent en permanence des possibilités inédites pour affronter les défis globaux présents et futurs. Elles permettent d'espérer le maintien de la croissance de la productivité au niveau des cent dernières années (environ 1 % par an). On peut même escompter que ce taux soit dépassé dans le futur et qu'ainsi le taux de croissance mondiale attendu s'en trouve accru, facilitant la résolution de quelques-uns de nos défis. Ces progrès apparaissent dans un grand nombre de domaines : technologies et partage de l'information, internet et révolution de la communication, automatisation du travail, l'intelligence artificielle, etc.

La performance des microprocesseurs s'est multipliée 25 000 fois depuis que nous les connaissons. Tous les dix-huit mois, le progrès technologique a doublé leur vitesse et réduit leur prix. Un seul ordinateur de 2050 sera aussi puissant que la totalité des ordinateurs installés actuellement dans la Silicon Valley. On nous promet des ordinateurs et des dispositifs microélectroniques toujours plus rapides, plus petits, moins chers.

Les satellites, la télévision, la téléphonie mobile et internet ont déjà révolutionné la façon dont l'information est recueillie, stockée, recherchée et partagée à l'intérieur et hors des frontières nationales. Nous avons assisté, au cours des deux dernières décennies, à l'arrivée du réseau internet mobile et, plus récemment, à la soudaine émergence de nouvelles entreprises géantes comme Google, Facebook et Twitter. Il y a seulement dix ans, Amazon a bouleversé le modèle traditionnel du commerce de détail. L'introduction imminente de drones par Amazon, Wal-Mart, etc., pourrait de nouveau changer de fond en comble le système de commercialisation. Uber nous fournit le dernier exemple des retombées de la révolution de la communication, en principe, au service des consommateurs. Bien d'autres changements interviendront avant 2050.

L'institut Nielsen rapporte que, en 2015 déjà, 91 % des citoyens américains pouvaient être joints à toute heure sur leur téléphone portable. Ce phénomène n'est pas limité aux États-Unis ou aux pays développés. Il s'impose partout dans le monde et procure un accès immédiat à l'information à toute personne disposant d'un smartphone. En 2050, pratiquement toutes les connexions internet pourront s'opérer à travers des appareils mobiles et la majorité des nouveaux utilisateurs d'internet pourront y avoir recours. Le mobile sera, évidemment, omniprésent – y compris chez des milliards de consommateurs dans les économies aujourd'hui en développement.

Il y a peu, les communications digitales et électroniques restaient le privilège des pays développés. Au cours des dix dernières années, cette révolution s'est répandue partout. Il y a seulement dix ans, 2 ou 3 Indiens sur 1 000 avaient accès à un téléphone, en général par une ligne fixe. À la fin de 2014, l'Inde disposait de près d'un milliard (8 Indiens sur 10) de connexions de téléphones portables. De même, la pénétration d'internet commence à exploser.

Aujourd'hui, les pays émergents passent du paiement par numéraire au paiement par mobile – comme ils sont passés des bureaux de poste aux téléphones portables – sans s'arrêter à l'installation de lignes fixes. Au Kenya déjà, M-Pesa est le système de paiement mobile le plus efficace au monde, avec une clientèle représentant 60 % de la population du pays. L'omniprésence des téléphones mobiles permettra aux gouvernements, aux entreprises et aux individus de régler des problèmes urgents et persistants (tels le manque d'accès aux services financiers, la connectivité aux ordinateurs et à internet) et de fournir des services indispensables jusqu'aux échelons les plus bas de la pyramide sociale. Un accès universel aux services bancaires – élément important d'une stratégie d'inclusion sociale – est ainsi en vue.

Le rythme des changements suscités par cette révolution de la communication va encore s'accélérer. Il appelle aussi des formes nouvelles de vigilance de la communauté mondiale devant l'utilisation perverse qui peut être faite de ces extraordinaires instruments pour répandre des messages mensongers et déstabiliser les sociétés.

Des communications et un accès à l'information instantanés et universels sont en effet des facteurs puissants de changement social. Le « Printemps arabe » et l'irruption de Daesh au Moyen-Orient ont démontré l'impact politique de la révolution de la communication, y compris au sein des sociétés dotées des régimes politiques les plus traditionnels. L'entrée en jeu de ce nouveau pouvoir peut faciliter le progrès humain ; il peut aussi être mal utilisé, créer de la violence, troubler la paix et l'harmonie mondiale. C'est le cas des *fake news* et des cyberattaques qui menacent la démocratie et le vivre-ensemble, en sapant la confiance.

Nous entrons dans l'ère de l'intelligence artificielle. Vers 2050, les ordinateurs seront capables de réaliser des tâches considérées comme relevant aujourd'hui exclusivement de compétences humaines, telle la résolution de problèmes requérant des analyses complexes, de la créativité ou de la finesse de jugement. Nous serons alors capables d'interagir avec une machine quasiment aussi bien qu'avec un collègue de travail. Les hommes travailleront au contact des machines et des robots, sans être complètement remplacés par eux. On peut en attendre, outre un accès instantané à l'information, une amélioration considérable de la qualité et du rythme de la prise de décision et, partant, de la rentabilité. En réalité, des machines dites « pensantes » – dont la puissance de traitement dépasserait de loin celle du cerveau humain – pourraient apparaître vers 2050. Globalement, cela entraînerait un nouveau bond de la productivité. Il s'agirait, pour certains, de la « quatrième révolution industrielle » ; elle serait à l'origine d'une avancée énorme du rendement dans l'industrie. L'Allemagne et le Japon rivalisent dans l'exploration de telles perspectives.

Toutes ces avancées et ces percées technologiques – sans compter celles qui concernent la santé et le prolongement, dans de bonnes conditions, de la vie humaine – sont enthousiasmantes et prometteuses. Appliquées à la production et à la consommation d'énergie, aux transports, à la découverte de nouveaux matériaux, à la génétique et, en général, à la médecine, aux applications d'internet, à la robotique, elles devraient permettre de relever bien des défis que nous allons rencontrer à la suite du changement climatique, de la finitude des ressources naturelles, des nouveaux besoins de consommation, etc. On peut même imaginer qu'elles se prêtent au développement de formes plus solidaires d'activités économiques. Rien de tout cela n'est à exclure, mais rien n'ira de soi. Pour qu'elles tiennent pleinement leurs promesses, il faudra que plusieurs défis sociaux, culturels et politiques soient surmontés. Le modèle entrepreneurial, sous toutes ses dimensions, devra s'y adapter en s'ouvrant pleinement, lui aussi, à l'innovation. Bien plus, il importera que les autorités publiques soient capables d'adopter, de façon étroitement coordonnée, les régulations nécessaires pour éviter que ces innovations ne se retournent contre l'humanité. Elles doivent se tenir prêtes à affronter deux risques majeurs : celui des délires du transhumanisme, qui peut nous laisser craindre que Frankenstein ne soit déjà au coin de la rue ; celui aussi qui peut résulter de l'utilisation militaire de ces découvertes. Ces deux menaces très concrètes pour la survie de l'humanité appellent un renouvellement radical de la gouvernance mondiale, pour que la communauté universelle soit en mesure d'y faire face et de les soumettre à des régulations de portée mondiale.

Les nouveaux visages de la violence

Le nombre de guerres interétatiques a diminué depuis la fin de la guerre froide. En revanche, les guerres civiles, le terrorisme et les autres formes de violences infra-étatiques demeurent un danger majeur. On se bat moins entre pays ; on se bat plus à l'intérieur de ceux-ci. En réalité, bien des conflits impliquant aujourd'hui de grandes puissances (comme en Syrie et en Ukraine) prolongent des guerres civiles qui se sont transformées progressivement en conflits internationaux. Aux États-Unis et en Europe, ainsi qu'au Moyen-Orient et dans une grande partie de l'Asie et de l'Afrique, le terrorisme est devenu la préoccupation majeure en matière de sécurité, éclipsant les autres formes de violence. Au total, cette violence nouvelle apparaît aujourd'hui, dans bien des parties du monde, comme la principale menace contre la paix et la sécurité.

La nature du terrorisme et des guerres civiles, et l'inquiétude qu'ils provoquent, se sont transformées au cours des dernières décennies, en lien avec divers facteurs dont de nouvelles idéologies, les changements technologiques et la globalisation. Des formes de terrorisme telles que le djihadisme et d'autres groupes d'obédiences variées ont été propulsées sur le devant de la scène dans des pays musulmans affaiblis sur les plans politique et économique. Au cours des années et des décennies à venir, l'importance du rôle de ces organisations violentes et d'autres groupes rebelles dépendra probablement d'évolutions dans les domaines de la gouvernance, de la technologie et de bien d'autres facteurs. Le caractère multiforme de cette menace en fait un problème commun pour la communauté mondiale. Il lui appartient d'apporter toute sa collaboration aux gouvernements et aux sociétés fragiles, pour renforcer leurs structures étatiques, les doter d'une meilleure gouvernance et des ressources technologiques nécessaires pour contenir et éliminer les menaces de ces groupes violents.

Sur le plan économique, la guerre civile et les conflits nationaux ont des effets désastreux sur la croissance économique des pays affectés. Ils subissent une immense perte de croissance potentielle, car la guerre détruit les équipements et les biens, décourage l'investissement, incite la main-d'œuvre qualifiée à s'exiler. L'économie régresse. La guerre elle-même consomme les faibles ressources existantes ; elle entrave l'éducation et détériore les conditions d'alimentation des populations pour de nombreuses années. La plupart de ces conflits entraînent des interventions extérieures et provoque des effets d'enchaînement difficiles à maîtriser. C'est par là qu'ils constituent une menace lourde pour la paix et la sécurité mondiales. Il est donc essentiel qu'une gouvernance mondiale, beaucoup plus vigoureuse et mieux équipée, soit mise en place pour faire face à ces dangers qui risquent de demeurer durablement présents parmi nous.

OÙ LES « HYPERTENDANCES » NOUS MÈNENT-ELLES ?

Voilà donc le peu que nous savons, de science sûre, sur 2050 : à peine quelques éléments structurants aujourd'hui. Mais ils sont essentiels. Ces « hypertendances » contribueront à donner corps au temps qui vient. Elles vont se mêler en un immense champ de forces. D'autres – dont nous n'avons aucune idée – apparaîtront. Celles que nous venons de repérer sont déjà puissamment à l'œuvre. Leurs poussées, bruyantes ou silencieuses, se renforcent ou se contredisent provoquant les tensions que nous vivons. Elles ébranlent nos structures, elles appellent le changement, nous obligent à nous adapter et souvent, sèment la peur. Tenter d'imaginer le résultat de leurs interactions est hors de notre portée. Nul ne sait comment elles vont se conjuguer, s'agréger, s'influencer mutuellement ou se combattre. Retenons que ces nouvelles perspectives mélangent des potentialités prometteuses et de redoutables périls dans un monde dont nous ne cessons de déplorer les dangereuses dérives.

Les auteurs du *World in 2050* pensent que, dans leur ensemble, ces « hypertendances » constitueront plutôt des forces positives pour la vaste majorité des économies émergentes et en développement, et, au total, pour le monde. Celles qui présentent un potentiel positif sont l'urbanisation, la globalisation du commerce et de la finance, le progrès de la productivité agricole, la révolution de l'information, la possibilité de précieuses percées technologiques, l'irruption massive des classes moyennes. Ces tendances contribueront au progrès des économies qui s'attacheront à y faire face avec suffisamment de souplesse. D'autres, par contre, comme le changement climatique, la « finitude » des ressources de la planète, la hausse persistante des inégalités ou encore l'agressivité récente du fondamentalisme et des acteurs non étatiques pour la sécurité nationale et mondiale, menacent la plupart des pays. Chaque nation doit donc prendre sa part des efforts de coopération nécessaires pour répondre à ces défis universels. Au total, cependant, pour les auteurs du *World in 2050*, les « hypertendances » devraient plutôt faciliter qu'entraver la marche des économies émergentes et en développement vers de meilleurs niveaux de vie et de prospérité pour leurs citoyens. Le monde entier devrait en bénéficier. Cette conclusion raisonnablement optimiste reflète l'approche positive des pays émergents sur leur avenir.

Des observateurs européens se montreront plus réservés et seront portés à souligner plutôt les innombrables facteurs qui, dès maintenant, peuvent conduire à un avenir moins radieux. De fait, en raison des dérives qu'ils peuvent provoquer et des hésitations des pouvoirs publics à les corriger, nos prospectivistes ont jugé sage de nous fournir un scénario alternatif pessimiste ; il fait l'hypothèse d'un arrêt de la convergence des pays les moins avancés vers les performances des pays ayant, jusqu'ici, le mieux réussi. Les résultats – avant même l'échéance de 2050 – en seraient catastrophiques, même si nous parvenions à conjurer les risques de chaos ou de développements apocalyptiques avant ou autour de cette date.

Ce regard sur le « scénario du pire » nous invite à revenir sur notre ensemble d'« hypertendances ». Il nous presse, tant qu'il est encore temps, de corriger les plus néfastes d'entre elles et d'affermir les meilleures, en les alignant sur un projet d'avenir raisonnablement choisi. Nous irions ainsi vers un monde meilleur. Mais lequel ? Pouvons-nous vraiment pousser l'audace jusqu'à envisager un monde meilleur que le nôtre pour nos petits-enfants ? Devant les scénarios que nous venons d'évoquer, on peut être tenté de se résigner à cette sorte de désenchantement actif auquel Albert Camus était parvenu, au moment où il allait recevoir le prix Nobel de littérature. Il s'en est expliqué dans son magnifique discours de Stockholm le 10 décembre 1957 : « Chaque génération, sans doute, se croit vouée à refaire le monde. La mienne sait pourtant qu'elle ne le refera pas. Mais sa tâche est peut-être plus grande. Elle consiste à empêcher que le monde se défasse. » Aujourd'hui autant qu'alors, on peut être tenté par un choix similaire. Éradiquer les ferments de décomposition, faire face aux menaces les plus immédiates, consolider nos économies, peut suffire comme ambition à nos sociétés vieillissantes, en proie au doute sur leur avenir. Pourtant – et nous devrions nous en réjouir –, par une salubre réaction collective, la communauté internationale vient d'adopter des Objectifs de développement durable (ODD) pour 2030[1]. Ils nous font l'obligation morale de poursuivre une plus haute ambition, celle d'un monde plus juste, plus prospère et plus harmonieux dans ses relations internationales. Une telle unanimité (qui a réuni 193 pays aux Nations unies en septembre 2015) devrait nous rendre confiance, raviver notre espérance et susciter notre désir de jouer notre rôle – si modeste soit-il – dans ce grand dessein universel.

En dépit des critiques qu'ils soulèvent, l'adoption de ces nouveaux objectifs est une percée historique. Ils offrent au monde un magnifique instrument pour une coopération multilatérale renouvelée. Ils constituent la seule approche, riche du potentiel et de la légitimité nécessaires, pour guider la communauté mondiale pendant cette période.

Ajoutons que s'y tenir ne se réduit en rien à une attitude simplement humanitaire. Il s'agit bien davantage de l'optimisation des opportunités d'aujourd'hui. Un

1. Voir Annexes.

groupe de dirigeants d'entreprises de haut niveau, présidé par Mark Malloch-Brown, vient de fournir un rapport montrant le formidable impact positif de la mise en œuvre de l'ensemble de ces objectifs pour l'économie mondiale[1]. Si l'on s'en tient simplement aux secteurs clés de l'agriculture, de l'alimentation, du développement urbain, de l'énergie, de l'industrie et de la santé, on peut s'attendre, d'ici à 2050, à un total d'économies et d'accroissement des richesses de 12 000 milliards de dollars, et probablement davantage. S'y ajouterait la création de 380 millions d'emplois, dont presque 90 % dans les pays en développement. La réalisation de ces objectifs communs conduit donc l'économie mondiale sur une trajectoire positive, invitant le secteur privé à saisir ces opportunités et à prendre toute sa part de l'effort nécessaire pour atteindre l'objectif d'un monde meilleur en 2050.

En revanche, une chose est certaine : si nous ne parvenons pas à les mettre en œuvre à bonne date ou, à tout le moins, à avancer vigoureusement sur la voie qu'ils nous tracent jusqu'à 2030, nous compromettrons dramatiquement nos objectifs pour 2050.

Ces ODD ne sont assortis d'aucune contrainte. Rien ne les rend obligatoires, si ce n'est la reconnaissance par tous les peuples de la coïncidence entre le

1. *Better Business, Better World* – The Report of the Business & Sustainable Development Commission, janvier 2017.

bien commun universel et l'intérêt propre de chaque pays. Mais comment faire confiance, là-dessus, à l'intelligence et à la bonne volonté des peuples et de leurs gouvernements ? Sur ce point, un scepticisme ravageur parcourt le monde. Comment le combattre ? Reconnaissons d'abord son origine. Elle se trouve dans le lamentable cortège de nos promesses non tenues depuis si longtemps. Pourquoi ces nouveaux objectifs seraient-ils respectés si les engagements précédents ont été si promptement oubliés dans des circonstances autrement favorables à leur mise en œuvre ? Rappelons-nous : à la veille des célébrations du millénaire où, pour la première fois, de tels engagements étaient préparés, le multilatéralisme avait le vent en poupe. Les Nations unies allaient recevoir le prix Nobel ; des solutions étaient trouvées au sempiternel problème de la dette des pays pauvres ; le monde entrait dans la période de la « grande modération »... Aujourd'hui, les vents mauvais de l'unilatéralisme soufflent en rafale. Un seul terme, nous dit leur nouveau président, devrait définir la politique extérieure des États-Unis – celui qui, selon lui, a présidé au succès de ses affaires personnelles : *greed*, un mélange de cupidité et d'avarice ! Ces mots marqueraient-ils un nouvel âge de glaciation dans l'histoire des relations internationales, à un moment où l'alternative à des politiques actives de coopération est le chaos ?

Loin de rester pétrifiés devant de telles outrances, il est temps d'affirmer notre détermination à poursuivre les objectifs communs de la communauté internationale, avec une vigueur plus grande encore. Le gros temps que nous traversons a au moins l'avantage d'ouvrir nos yeux. Il nous a permis de mieux mesurer l'urgence de la mise en œuvre de ces objectifs, car il s'agit de rendre vivable le monde qui vient en arrachant les hommes au risque systémique de la pauvreté ; il a conduit aussi la communauté mondiale, avec la reconnaissance de la finitude de nos ressources naturelles et le succès de la COP 21, à reconnaître la nécessité incontournable de l'abandon d'un modèle de développement ultra-carboné. Nous ne pouvons, devant cette double évidence, enfouir nos têtes dans le sable, comme on le dit des autruches. Il y a donc urgence à ouvrir les chemins qui pourraient nous mener à la réalisation des objectifs de développement durable pour 2030, dans la perspective de ce monde meilleur que nous voulons pour 2050.

Cinq chemins d'humanité

Les priorités essentielles pour 2050

Nous venons d'évoquer des chemins pour 2050. On peut en imaginer beaucoup. Les cinq que nous vous proposons de suivre nous feront progresser vers cinq priorités essentielles :

1. Éradiquer la grande pauvreté qui, aggravée par la croissance des inégalités, est le « risque systémique ultime » ;

2. Amener la finance dans ses divers métiers à se comporter en servante de l'économie, au lieu de chercher surtout à servir ses propres intérêts ;

3. Mettre en place la gouvernance globale nécessaire à un monde multipolaire ;

4. Convaincre la communauté mondiale d'adopter les modes de vie radicalement nouveaux qu'exige la préservation de la planète ;

5. Et, pour que ces tâches essentielles puissent être menées à leur terme, susciter un changement en

profondeur de cultures incompatibles avec l'avenir que nous cherchons à construire.

Ces chemins sont des voies de renouvellement et de survie pour une civilisation menacée de partout. Nous ne pouvons imaginer toutes les difficultés qui ralentiront notre marche, voire nous ramèneront en arrière. Comme tout au long de l'histoire de l'humanité, des forces de division, d'accaparement, de peur, resteront à l'œuvre ; mais, comme toujours aussi, il y aura à travers le monde des hommes et des femmes qui sauront garder le cap vers le bien commun universel et, à travers lui, vers l'avènement d'un monde meilleur. À nous tous de faire en sorte que le plus de pays, le plus d'hommes et de femmes possible empruntent ces chemins d'humanité.

Éradiquer la pauvreté, « risque systémique ultime »

José Ángel Gurría, actuel secrétaire général de l'OCDE, ministre des Finances du Mexique évoquait il y a une vingtaine d'années, à l'occasion de je ne sais quelle importante réunion ministérielle au Fonds monétaire international à Washington, la pauvreté mondiale comme le « risque systémique ultime ». Depuis lors, la communauté mondiale, avec l'adoption des huit Objectifs de développement du Millénaire en l'an 2000, a fait de la réduction de 50 % de la pauvreté extrême dans le monde un de ses objectifs majeurs. Ce premier objectif a été atteint grâce, surtout, à la rapidité des progrès de la Chine. Le nombre de personnes vivant dans un état d'extrême pauvreté est ainsi tombé de 1,9 milliard en 1990 à 1,2 milliard en 2010, selon une évaluation de la Banque mondiale. Même réduite à ce niveau, la pauvreté extrême – et celle de tous ceux dont les revenus ne sont que faiblement supérieurs à ce seuil – continue de constituer le « risque systémique ultime ». C'est une réalité humainement inacceptable. Elle peut être, à tout moment, à l'origine de déflagrations majeures qui appauvriraient tragiquement la communauté humaine tout entière.

Pour les Européens, ce problème revêt une acuité particulière puisque le principal foyer de ce fléau se trouve en Afrique, à quelques kilomètres de leurs côtes. L'Europe doit donc se porter au premier rang des efforts mondiaux pour atteindre le nouvel objectif que le monde vient de se donner en 2015, cette fois pour 2030 : « éliminer la pauvreté sous toutes ses formes et partout dans le monde ». Pour quiconque se soucie de l'équilibre du monde en 2050, il n'y a pas de tâche plus importante. Cette ambition est la condition même de la paix et de l'harmonie des relations entre les continents, et tout spécialement entre l'Afrique, jeunesse du monde, et une Europe vieillissante.

L'importance de la tâche justifie que, pour un tel sujet, nous nous arrêtions un instant sur le « discours de la méthode » que nous suggère l'Emerging Markets Forum. Il va sans dire qu'il devrait s'appliquer partout, y compris dans les pays avancés comme ceux d'Europe, mais surtout là où, comme en Amérique latine et en Afrique du Nord, l'extrême pauvreté côtoie la richesse.

COMBATTRE LA PAUVRETÉ : QUESTIONS DE MÉTHODE

Les recommandations retenues par l'Emerging Markets Forum pour aborder le combat contre la pauvreté dans le monde se fondent, pour ce qui est des dimensions sociales insuffisamment prises en compte jusqu'ici, sur les enseignements à Stanford d'Alejandro Toledo, premier président de la République du Pérou d'origine indigène. Pour les politiques macroéconomiques et structurelles, elles tirent les leçons des expériences les plus concluantes des principaux pays émergents.

Vers des politiques d'inclusion sociale

Le président Toledo offre une synthèse des réflexions de la communauté scientifique internationale, à la lumière de sa propre expérience d'homme d'État. Sa vision est celle d'un homme habité par le rêve et l'ambition de « transformer la majorité des pays d'Amérique latine en sociétés hautement développées, plus égalitaires, fondamentalement démocratiques, dont les classes pauvres d'aujourd'hui contribueraient, par leur vitalité, les progrès de leur condition et leur diversité culturelle, à influencer et modeler l'économie globale. Cela passerait par la transformation de ces pays en économies inclusives et de partage». Pour en parler, il se réfère aux travaux du Club de Madrid[1], qui définit ainsi les principes de base d'une gouvernance pour l'inclusion :

• le respect de la dignité de chaque individu ;

• l'égalité et la justice. Celles-ci n'existent pas tant que subsistent discrimination, marginalisation et manque d'opportunités pour chacun des citoyens ;

• le respect égal par et pour tous des droits humains et des règles de droit ;

• des régimes démocratiques solides qui conduisent chacun à dépasser ses propres intérêts et à travailler pour le bénéfice de tous, dans la cohésion sociale, la stabilité, la sécurité, le respect des diversités et la tolérance.

Dans de telles sociétés, la croissance économique devient un moyen vers une fin. La croissance seule ne peut suffire à garantir le bien-être des gens, à donner à chacun les mêmes opportunités et à assurer un avenir de développement et de stabilité. Dans cette vision d'une société de partage, la politique économique vise le développement durable, accorde la priorité nécessaire à l'éducation et à la santé ; elle recherche des opportunités égales pour tous.

1. Le Club de Madrid est composé d'anciens présidents ou Premiers ministres réunis pour partager leur expérience avec les dirigeants actuellement en fonction, encourager le dialogue et soutenir des changements politiques et sociaux nécessaires.

Une telle vision, évidemment très éloignée de la réalité actuelle dans beaucoup de pays, traduit les apports d'Amartya Sen, prix Nobel d'économie en 1998, à la théorie du développement et le rejet de celle du « ruissellement » qui avait cours lors des décennies antérieures. Cette dernière soutenait que toute croissance économique, même si elle bénéficie en premier lieu et surtout à un groupe limité de familles riches au sommet de la pyramide des revenus, est finalement bonne pour toute la société, car cette richesse finit par ruisseler jusqu'aux plus pauvres quand les riches dépensent ce qu'ils ont gagné. L'inégalité ne peut alors être considérée comme mauvaise ; elle serait le moyen d'un plus grand progrès économique. Ces idées prévalent encore ici ou là, et légitiment les inégalités ; or, nous savons désormais que celles-ci constituent un des obstacles majeurs à la réduction de la pauvreté et à un développement durable. Dans son grand livre *Development as Freedom*, Amartya Sen montre que les inégalités ne se mesurent pas seulement aux inégalités de revenus des personnes, mais aussi à leur capacité – ou, dans son langage, à leurs *capabilities* – à les convertir en libertés réelles d'agir, de saisir des opportunités, d'échanger des biens sur un marché, d'accéder à l'éducation, à la santé, etc. Dans cette perspective, la définition de la pauvreté s'étend à des vulnérabilités passées jusqu'ici sous silence : la capacité d'un individu ou d'une famille à absorber les chocs économiques imprévisibles tels qu'un vol, une maladie, la perte d'emploi, etc. Pour les pauvres, le plus petit choc imprévu peut faire basculer un foyer dans des difficultés et une insécurité extrêmes. Cette vulnérabilité a de graves conséquences à long terme pour la santé des plus pauvres et, finalement, celle de notre société.

Alejandro Toledo attend de l'orientation vers des sociétés d'inclusion et de partage un changement radical des perspectives latino-américaines et de celles des autres pays en développement pour 2050. Cela passe évidemment d'abord par un effort majeur en faveur de l'éducation. « Le prix de nos matières premières pourra s'effondrer demain, mais l'investissement dans l'éducation des enfants devra toujours être poursuivi… La qualité de l'éducation constitue une part essentielle d'un projet de société inclusive. » D'autres objectifs, comme l'accès universel et équitable aux services de base tels que l'eau, son assainissement, l'électricité et la santé publique, devront aussi bénéficier d'une haute priorité. Si l'Amérique latine, tirant les leçons de ses erreurs passées, met en œuvre ces choix, elle passera à terme de la position d'exportatrice de matières premières à celle d'exportatrice de produits et de services beaucoup plus élaborés ; l'économie deviendra plus forte, résiliente et moins vulnérable aux chocs extérieurs. On verra alors émerger un sous-continent capable de mettre à profit l'incroyable richesse de sa diversité culturelle. « Le futur des enfants, dit-il, ne dépendra plus de leur sexe, du revenu de leur famille, de leur lieu de vie, de la langue parlée chez eux, de la couleur de leur peau ou de la forme de leur nez. »

Abordant la dimension universelle du problème, Alejandro Toledo souligne trois réalités qui doivent être soigneusement prises en compte, quels que soient les pays ou la région en cause : l'insuffisance de l'évaluation de la pauvreté par le niveau des revenus, l'importance critique de la question de la pauvreté des enfants, celle, enfin, de la lutte contre les inégalités.

L'évaluation de la pauvreté par le niveau des revenus, habituellement utilisée par les instances internationales, ne peut plus suffire à fournir une représentation convenable de la pauvreté ni à guider l'action des pouvoirs publics et des institutions internationales face à ce fléau. Tout en retenant l'évaluation monétaire de la « pauvreté extrême » au niveau de revenus inférieurs à 1,90 dollar par personne et par jour, Alejandro Toledo recommande de se référer plutôt à des indicateurs tels que l'Indice multidimensionnel de la pauvreté (IMP) et l'Initiative pauvreté et développement humain d'Oxford (IPDH 2013). Au-delà du revenu, ils prennent en compte la mauvaise santé, la malnutrition, le manque d'eau potable et d'assainissement, l'exclusion sociale, la médiocrité de l'éducation, les conditions misérables de logement, la violence de l'environnement, etc. Ces éléments d'extrême pauvreté subsistent souvent, hélas, même lorsque le revenu dépasse le seuil monétaire critique – sauf si la société entreprend vigoureusement de corriger ces autres aspects de la misère. Il est clair que les effets de la pauvreté sont multidimensionnels et se combinent entre eux. De même que le développement ne peut se mesurer uniquement par la croissance économique, le niveau des revenus ne suffit pas à mesurer la pauvreté. Il est donc suggéré que, si une famille est en situation de carence au titre de plus du tiers de ces indicateurs de l'IMP, elle doit être considérée comme pauvre. Sur cette base, globalement, environ 1,7 milliard de personnes dans les 109 pays inclus dans la recherche d'Oxford doivent être considérées comme vivant dans cette pauvreté multidimensionnelle. Ce chiffre dépasse sensiblement celui qui résulterait de l'utilisation d'indicateurs exclusivement monétaires.

Comme on pouvait s'y attendre, ces changements dans la façon de mesurer la pauvreté conduisent à une perception différente de la situation. L'intérêt de l'IMP est de permettre de mieux cibler les interventions sur les privations les plus graves des populations, qui varient d'un pays à l'autre. Cet instrument est déjà utilisé actuellement au Mexique.

Le combat contre la pauvreté ne peut se réduire à la seule optimisation des taux de croissance et au « ruissellement » des revenus, dont les plus riches bénéficieraient le plus largement. Si tout gouvernement doit s'attacher à optimiser le taux de croissance globale du pays, il doit veiller tout autant à la distribution équitable de ses fruits. La croissance et l'amélioration de la distribution doivent contribuer ensemble à la diminution de la pauvreté. L'une ne doit pas aller sans l'autre. Trop souvent, l'équité dans la distribution n'est saluée que du bout des lèvres ; très peu est fait pour l'améliorer. C'est une des plus graves faiblesses des politiques menées jusqu'ici.

Si les gouvernements ont pour but d'amener leurs citoyens à une vie féconde et épanouissante, ils doivent centrer leur action sur l'accès aux libertés constitutives d'une vie digne, au-delà de la simple poursuite de la croissance. Cela confère une importance tout à fait particulière à la question de la pauvreté des enfants. Ils n'ont pas de seconde chance pour démarrer leur vie en bonne santé et ils n'ont que très rarement une nouvelle occasion d'accéder à une scolarité de qualité. Autrement dit, une enfance pauvre se traduit presque automatiquement par la transmission intergénérationnelle de la pauvreté et de l'inégalité, fléau majeur dans notre souci du long terme.

Répétons-le : la lutte contre la pauvreté ne peut être séparée de la réduction des inégalités. Pauvreté et inégalités sont étroitement imbriquées. Le niveau initial d'inégalité d'une société, à un moment donné de l'histoire, a un double effet sur la pauvreté : il ralentit la croissance économique et la part qui en revient aux populations pauvres. L'attention à cette relation entre la pauvreté et les inégalités est d'une importance décisive, non seulement pour réduire les niveaux de la pauvreté nationale ou mondiale, mais aussi pour que les pays puissent atteindre une croissance satisfaisante et durable.

Conscientes du caractère crucial de ce lien entre pauvreté et inégalités, les Nations unies se sont assigné pour 2030, pour la première fois, des objectifs précis et ambitieux en termes de réduction des inégalités. Hélas, en cette matière, la réalisation des Objectifs du Millénaire ne se présente pas sous les meilleurs auspices. La situation est contrastée. Sans aucun doute, les inégalités de richesses entre les pays sont en diminution, mais, à l'intérieur des pays, elles croissent de façon frappante. Les observations d'Oxfam sont bien connues, selon lesquelles près de la moitié de la richesse du monde serait entre les mains de 1 % de sa population et les 85 individus les plus riches disposeraient de ressources égales à celles de la moitié la plus pauvre de la population mondiale. Le Fonds monétaire international a montré que, depuis 1980, le 1 % le plus riche de l'humanité a augmenté sa part de revenus dans 24 des 26 pays pour lesquels des données précises existent.

Cela caractérise autant les pays développés que les pays en développement. Aux États-Unis, la part de revenus du 1 % le plus riche de la population a plus que doublé depuis 1980, retrouvant le niveau qu'elle avait avant la Grande Dépression. Depuis 2009, cette fraction de la population s'est octroyé 95 % des accroissements de revenus, tandis que les 90 % les moins fortunés se sont appauvris. L'Organisation internationale du travail affirme que la part des revenus du travail a baissé au cours des deux dernières décennies dans 29 des 30 économies avancées – alors même que la productivité a progressé.

L'inégalité est donc un des fléaux les plus profondément enracinés de notre époque. Elle se traduit, au niveau des pays pauvres, par des disparités particulièrement choquantes. « Le taux de participation à des classes maternelles pour les enfants appartenant aux 20 % les plus pauvres de la population atteindrait – selon la Banque mondiale – à peine un tiers de celui des enfants appartenant à la catégorie des 20 % les plus riches. Les mères situées au niveau social le plus bas des 40 pays en développement ont 50 % de chances d'accéder à un soin prénatal. Parmi environ 780 millions d'adultes illettrés dans le monde, près des deux tiers sont des femmes. Seulement un quart du quintile le plus pauvre est couvert par une protection sociale et la proportion est encore plus faible en Afrique subsaharienne et en Asie du Sud. »

De telles inégalités, lorsqu'elles touchent les enfants, ne pourront jamais être rattrapées. Elles définissent pour longtemps le profil de profonde injustice de telles sociétés. Les recherches les plus récentes ont établi que cette disparité constitue un obstacle décisif à une croissance élevée et durable ; elle n'affecte pas seulement les pauvres, mais aussi le bien-être des plus privilégiés. Des chercheurs ont montré, par exemple, que, alors que les enfants pauvres réussissent mieux leur éducation dans les sociétés plus égalitaires, les enfants les plus riches de ces mêmes sociétés ont aussi de meilleurs résultats que ceux des pays inégalitaires.

Les effets sociétaux de ces écarts n'ont pas besoin d'être soulignés davantage. Il est évident que, là où l'inégalité reste endémique, elle contribue à la dégradation de la cohésion des communautés et de la société, à l'augmentation de la ségrégation, à la diminution de la mobilité sociale et, à travers les frustrations accumulées, à l'instabilité et à la montée de périls de toutes sortes. Même s'il n'est pas universel, ce scandale demeure intolérable. L'une des tâches majeures des pays les plus pauvres – et tout particulièrement de ceux dont les coefficients d'inégalité sont les plus élevés – sera donc de prendre, sans délai, ce problème à bras-le-corps, à la lumière des expériences les plus concluantes des dernières années.

Un rapport récent de la Banque mondiale[1] comporte à ce propos des remarques précieuses. J'en retiendrai pour le moins deux.

La première est une mise en garde contre une double erreur : celle de considérer la tâche comme impossible et celle d'admettre cette vieille lubie des adeptes de la théorie du ruissellement selon laquelle il y aurait un lien nécessaire entre inégalités élevées et croissance rapide.

La seconde recommande de donner une forte priorité à la recherche d'un consensus mondial sur les stratégies et instruments des politiques de réduction des inégalités. Bien sûr, l'approche par la progressivité des impôts et des dépenses sociales bien ciblées est généralement retenue. À ce jour, cependant, la timidité des gouvernements a été telle que, sauf dans quelques cas, ces stratégies n'ont pas réussi à inverser la tendance à l'augmentation des inégalités. Les faiblesses des administrations fiscales en sont partiellement responsables. Il est nécessaire de les corriger pour relancer ces politiques avec de meilleures chances de succès. Celles-ci seraient d'ailleurs accrues si ces réformes s'intégraient dans des programmes comportant une révision permanente des dépenses budgétaires et profitant de toute occasion de mettre fin aux dépenses improductives. Ces dernières devraient être pourchassées, car elles

1. World Bank Group, *Poverty and Shared Prosperity 2016 – Taking on Inequality.*

contribuent fréquemment à l'augmentation des inégalités. Les exemples sont innombrables : dépenses de prestiges excessives, dépenses d'armement inutiles, interventions économiques inadaptées, etc. Pour ne citer que l'une d'entre elles qui subsiste malgré la chute récente des prix du pétrole : les subventions au prix de l'essence, qui bénéficient surtout aux milieux aisés. En Afrique 21 milliards de dollars ont été dépensés en 2014 pour compenser, d'une part, les gestions désastreuses de quelques producteurs et distributeurs publics d'électricité et, d'autre part, les subventions au prix de l'essence.

Les leçons des expériences des pays émergents en matière macroéconomique et structurelle

Même si la stratégie d'attaque frontale contre la pauvreté et les inégalités est essentielle, elle ne peut porter de fruits durables que si elle s'insère dans une stratégie économique d'ensemble, assurant une croissance aussi proche que possible du potentiel de chacun des pays en cause. Tout en insistant sur le fait qu'il serait illusoire de penser que des méthodes identiques peuvent être appliquées partout, il est clair que tous les pays en développement devraient s'inspirer des méthodes qui expliquent le remarquable succès des pays émergents au cours des deux dernières décennies. Elles peuvent se résumer comme suit :

- des efforts constants pour promouvoir une croissance plus élevée et plus inclusive par des politiques macroéconomiques prudentes ;
- une priorité constante au renforcement du capital humain de tous les citoyens ;
- l'éducation, la santé, et les services sanitaires de base pour tous ;
- une orientation de l'enseignement secondaire plus tournée vers des études techniques et, aux niveaux universitaires et professionnels, prise en compte d'une perspective de spécialisation accrue vers les services ;
- le développement des infrastructures collectives et l'amélioration de la connectivité régionale et internationale ;
- des efforts constants pour accroître la valeur ajoutée des exportations de matières premières ;
- l'intégration des entreprises nationales dans les chaînes d'approvisionnement internationales ;
- une plus grande coopération entre les secteurs productifs et les établissements d'enseignement, pour adapter la main-d'œuvre aux nouvelles exigences du marché et donner une orientation plus pratique à la recherche universitaire en lien étroit, y compris financier, avec le secteur privé ;
- un recours accru au partenariat public-privé, en particulier dans les infrastructures, la santé, l'éducation et les autres services publics ;

• la recherche de l'augmentation des taux d'épargne et d'investissement ;

• une réorientation des priorités en matière de subventions, substituant des dépenses ciblées à des subventions généralisées à la consommation ;

• l'intégration des préoccupations environnementales dans les politiques publiques ;

• des régimes commerciaux ouverts visant l'intégration dans les marchés régionaux et mondiaux ;

• au-delà de son rôle de surveillance et de mise en œuvre de règles du jeu équitables, un rôle prudent et mesuré du gouvernement, excluant un interventionnisme multiforme.

Cette liste détaillée peut apparaître décourageante. L'expérience montre cependant que ces politiques, grâce à la confiance qu'elles suscitent à l'intérieur comme à l'extérieur du pays, se révèlent sur la durée, d'une mise en œuvre beaucoup moins problématique que des politiques de facilité à la petite semaine. Au-delà de ces traits majeurs de l'expérience des pays émergents, deux autres facteurs essentiels de leur succès se proposent à l'émulation de ceux qui veulent marcher dans leurs pas : la qualité constamment améliorée de leurs appareils de gouvernement et l'engagement personnel de leurs plus hauts dirigeants dans cette tâche historique pour le progrès de leur pays.

L'Amérique latine, certains pays d'Asie du Sud-Est, mais surtout l'Afrique sont les lieux où l'efficacité du combat contre la pauvreté jouera un rôle décisif pour l'avenir du monde dans son ensemble. Nous avons choisi de resserrer maintenant notre focale sur l'Afrique, mais il va de soi que, *mutatis mutandis*, les méthodes et les suggestions formulées pour ce continent devront être appliquées aux autres dans le plus grand respect des caractéristiques propres des économies et des cultures de chaque pays.

Vaincre la pauvreté en Afrique

L'Afrique est – et sera pendant tout le XXIe siècle – le continent de la jeunesse du monde. Elle est dotée d'immenses richesses naturelles. Les performances macroéconomiques, les progrès de gestion d'un bon nombre de pays et les aubaines de ce que l'on a pu appeler le « supercycle des matières premières » ont fait d'elle, pendant la première décennie du millénaire, la « nouvelle frontière » du développement mondial. La conjoncture, hélas, s'est retournée et l'horizon, depuis 2014-2015, s'est assombri. Pour la première fois depuis la fin du siècle dernier, son revenu par tête d'habitant est devenu négatif en 2016, rappelant le cauchemar des décennies perdues. L'Afrique est donc de nouveau à la croisée des chemins. Redeviendra-t-elle ce qu'elle a été à la fin du XXe siècle : un espace de stagnation et de misère d'où s'évadent le capital financier et le meilleur de sa jeunesse ? Ou reprendra-t-elle, au contraire, sa course pour rattraper les pays émergents et devenir un continent dynamique, élargissant sa place et son rôle là où se décide l'avenir du monde ? Cet enjeu est décisif.

À quelques encablures de ses côtes, l'Europe vieillit. Elle voit s'amorcer le déclin de sa population, quand celle de l'Afrique progresse pour atteindre 2,5 milliards d'habitants en 2050, avant de culminer vers 4,4 milliards en 2100. Moins encore que le reste du monde, l'Europe ne peut se résigner à ce que, à ses portes, le continent de la jeunesse du monde demeure celui de la pauvreté extrême. Ce mélange serait explosif.

Les chiffres sont là. Le dernier rapport de la Banque mondiale sur la pauvreté en Afrique offre un tableau sans complaisance : le nombre d'Africains vivant dans l'extrême pauvreté a crû depuis 1990 du fait de l'augmentation de sa population – même si la proportion de pauvres a chuté de 56 % en 1990 à 43 % en 2012. L'Afrique comptait 280 millions de pauvres en 1990 ; leur nombre atteignait 330 millions en 2012.

Entre-temps, cependant, quelques indicateurs non monétaires se sont améliorés. Depuis 1995, le taux d'alphabétisation chez les adultes a gagné quatre points et les disparités entre les sexes ont été réduites. L'espérance de vie a augmenté de six ans et la prévalence de la malnutrition chronique chez les enfants de moins de cinq ans a baissé de six points, pour s'établir à 39 %. Même en progrès, ce dernier taux demeure désastreux.

Ajoutons que beaucoup de pays traversent des épisodes de famine ; 620 millions de personnes sont privées d'électricité, des dizaines de millions d'enfants ne sont pas scolarisés, etc. S'y ajoute enfin le sentiment d'injustice et de frustration devant les inégalités et le spectacle de l'opulence des plus riches – dont le nombre s'accroît – et celui du modèle de consommation des classes moyennes des pays avancés.

Devant une telle situation, l'indifférence est coupable. Elle est même criminelle et d'une dangereuse inconséquence, car non seulement elle ignore les exigences d'une simple humanité, mais elle ferme les yeux sur quelques nécessités évidentes :

- celle de modérer, dans le respect des personnes, la pression démographique et migratoire ;
- celle de développer un marché immensément prometteur ;
- celle enfin d'éviter que des acteurs violents, comme Daesh et d'autres, n'étendent leur mainmise sur le continent et n'en fassent une plate-forme pour leur expansion ultérieure.

Il est donc clair que les pays d'Europe doivent repenser leur soutien au développement durable de l'Afrique. Au moment où une réflexion en profondeur sur les missions de l'Europe est réclamée partout, il importe que nous gardions en mémoire que, dès son discours historique du 9 mai 1950, parmi les ambitions fondatrices de Robert Schuman pour l'Europe figurait « le développement du continent africain ». Aujourd'hui autant si ce n'est plus qu'hier, l'avenir des deux continents se joue dans leur partenariat. Il est urgent de le raviver. Nos sociétés européennes peuvent y trouver l'espace de solidarité et de redécouverte de sens auquel leur jeunesse aspire. « Ceci est vrai *a fortiori* pour la France, compte tenu de son héritage historique. Péguy aurait parlé d'une relation charnelle pour dire notre lien avec l'Afrique. La France et l'Afrique se sont épousées et continuent de s'aimer. Nous y avons, nous Français, commis des crimes et multiplié les erreurs et manquements ; mais nous avons aussi cherché à y apporter – parfois avec maladresse – le meilleur de nous-mêmes. L'Afrique a versé son sang pour la France et, à cet égard, notre dette est immense ; cette dette est éternelle, tellement le sacrifice de tant d'Africains a contribué, au cours des deux grands conflits du siècle dernier, à préserver ce que nous sommes. L'Afrique, donc, ne peut pas être pour la France un dossier de politique étrangère comme les autres. Elle nous est une affaire intérieure ; tragique, car c'est du tréfonds de la misère humaine que nous parvient son cri[1]. »

---

1. Ces mots sont extraits de la *Lettre ouverte aux candidats à l'élection présidentielle* (*op. cit.*). Cette lettre, n'en soyons pas

Que faire aujourd'hui, et pendant les trois décennies qui viennent, face à la situation de l'Afrique et à ses immenses enjeux pour ses enfants et pour les nôtres ? Trop longtemps, avec les meilleures intentions du monde et non sans candeur, nous avons pensé être en mesure de proposer aux Africains les politiques à suivre. En d'autres circonstances, nous nous en sommes remis aux organisations internationales pour qu'elles le fassent à notre place. Nous nous sommes engagés maintes fois à soutenir ces politiques par des contributions financières que nous n'avons que très partiellement honorées. Il est grand temps d'adopter de nouvelles méthodes. Deux circonstances devraient nous y encourager :

– le fait que la nouvelle génération de dirigeants africains a une vision beaucoup plus claire des politiques qu'il convient de mener ; ils savent quels sont les impératifs de développement et sont nombreux à vouloir s'inspirer des méthodes qui ont si bien réussi aux pays émergents d'Asie ;

– les changements fondamentaux qui commencent à s'opérer sur les marchés financiers et qui renouvellent le rôle respectif des financements publics et privés. L'Afrique est bien placée pour en tirer parti.

En décidant de suivre avec détermination l'exemple des économies émergentes les plus performantes, les

---

surpris, est restée sans réponse.

dirigeants africains ne choisissent pas la facilité. Pour réaliser tout le potentiel à long terme de leurs pays, ils s'imposent ainsi :

– de promouvoir l'inclusion ;

– d'accélérer la transition démographique ;

– de s'attacher au renforcement du capital humain, à l'élimination des conflits, à la modernisation des États ;

– de transformer leur agriculture et d'accroître la compétitivité globale de leur économie ;

– d'appliquer à des investissements productifs – notamment aux infrastructures urbaines – des ressources souvent objets de pillage ;

– de promouvoir l'intégration régionale et d'ouvrir leur économie au monde.

Il est clair que de tels défis ne pourront être relevés que dans un étroit partenariat avec les pays avancés. Ceux-ci doivent soutenir ce sursaut africain en renouvelant leur appui financier et en répondant de façon responsable au défi des migrations. Revenons donc sur chacun des éléments de cette stratégie partenariale.

Promouvoir l'inclusion

Pour réaliser son plein potentiel et éviter de graves conflits sociaux, l'Afrique doit réduire les inégalités de chances entre ses habitants et permettre à chacun de jouer un rôle dans l'avenir ; le succès de toutes les autres politiques – l'investissement, l'innovation, la culture de prise de risques – en dépend. Hors d'une stratégie délibérée d'inclusion, le potentiel humain de l'Afrique continuera d'être dilapidé. Des politiques favorisant l'accès des plus pauvres à des services de base de qualité, comparables à ceux dont on bénéficie au sommet, s'imposent donc. L'Africa Progress Panel (APP)[1] a ainsi proposé que chaque gouvernement africain se fixe des objectifs de réduction des inégalités conformes aux Objectifs de développement durable (ODD), en décidant par exemple de réduire de moitié dans les cinq ans qui viennent les disparités en matière de scolarisation, de soins maternels et infantiles, et d'accès égal aux services publics de base entre urbains et ruraux, entre riches et pauvres, entre hommes et femmes. Cette stratégie doit être étendue aux groupes traditionnellement marginalisés pour des raisons ethniques, religieuses ou autres.

Il reste que l'écart de revenus entre les pays s'accroît également. Il doit lui aussi être réduit. Les revenus par

1. Créé par le Sommet du G8 de Gleneagles et présidé par Kofi Annan, il a pour objet de suivre les progrès du partenariat entre l'Afrique et le G8, d'en identifier les opportunités et de « catalyser » les initiatives prometteuses. Il est composé de Kofi Annan, Bob Geldof, Olusegun Obasanjo, Graça Machel, Peter Eigen, Robert E. Rubin, Strive Masiyiwa, Tidjane Thiam, Linah Mohohlo, Muhammad Yunus et moi-même.

tête dans les cinq pays les plus riches sont, en 2016, 24 fois plus élevés que ceux des cinq plus pauvres. Ils n'étaient que 16 fois plus élevés il y a vingt ans. La réduction des inégalités entre ces pays est, avec la paix et la résolution des conflits, un des défis majeurs de l'Union africaine.

Accélérer la transition démographique

Le rythme de la baisse de la fécondité déterminera l'ampleur de la tâche des pays en matière d'éducation des jeunes et de création en leur faveur d'emplois et de moyens d'existence productifs. Compte tenu de sa structure par âge, la population de l'Afrique subsaharienne va doubler, même si la fertilité tombait immédiatement au niveau de celle des économies avancées, ce qui reste une hypothèse théorique. L'éducation et la création d'emplois pour 700 millions d'adultes supplémentaires en âge de travailler, avec des personnes à charge, représentent un énorme défi. Offrir aux filles une éducation primaire et secondaire de même qualité que celle des garçons, former ceux-ci à un comportement sexuel responsable[1] et donner aux couples l'accès à la contraception moderne sont des tâches

1. Je fais écho ici à un plaidoyer passionné de Madame Graça Machel, seconde épouse de Nelson Mandela.

déterminantes pour un avenir meilleur. Ces politiques ne produiront tous leurs effets que si les dirigeants élus et les responsables de la société civile leur apportent publiquement tout leur soutien et soulignent le succès d'autres pays africains en ce domaine[1].

Renforcer le capital humain

Le renforcement du capital humain est la pierre angulaire de la croissance économique. Comme une expérience universelle le montre, l'éducation est l'outil le plus puissant d'un développement durable. Les populations africaines en sont bien conscientes. Comment ne pas évoquer ici ces pères de famille rencontrés dans un village de Tanzanie, construisant de leurs mains, dans l'enthousiasme, des classes supplémentaires pour leur école et le logement de l'instituteur ? Le lecteur se souviendra aussi du merveilleux documentaire *Sur les chemins de l'école*, de Pascal

1. La situation de l'Afrique est, en effet, très hétérogène. Les taux de fertilité s'étagent entre 2 et 7 enfants par femme ; il y a cinquante ans, tous les pays avaient un taux supérieur à 6 enfants. Plusieurs pays (l'île Maurice, la Tunisie, le Botswana, l'Afrique du Sud et, plus récemment, l'Éthiopie et le Rwanda) ont démontré qu'un rapide déclin de ce taux est possible. En revanche, les taux élevés sont restés constants dans des pays tels que le Niger, la Somalie, le Mali et la République démocratique du Congo.

Plisson (25 septembre 2013), montrant l'empressement et le courage joyeux de ces quatre enfants à s'y rendre malgré les distances et les dangers du chemin.

Dans la perspective de 2050, l'Afrique subsaharienne doit transformer une richesse en ressources naturelles non renouvelables en un capital humain indispensable au développement dans un monde globalisé. Cela a un coût immédiat. Les gouvernements africains peuvent en prendre leur part en appliquant à des programmes judicieux de promotion sociale les ressources s'élevant à 3 % du PIB de leur continent actuellement affectées à des subventions socialement improductives aux prix des carburants et de l'énergie.

Réduire les conflits, renforcer les États

Les conflits affectent de façon très directe la vie des peuples et leurs perspectives économiques. Aujourd'hui, un quart de la population de l'Afrique subsaharienne vit dans des pays directement touchés par des conflits. Beaucoup d'autres doivent accueillir d'innombrables réfugiés privés de tout et faire face à tous les désordres créés par des conflits chez leurs voisins. Or, la paix est une condition incontournable du développement durable. Comment entretenir l'illusion d'une amélioration des conditions de vie de ce continent sans un effort de toute la communauté internationale pour réduire les tensions et empêcher qu'elles ne dégénèrent en conflits ouverts ? Il faut que nos pays s'engagent dans une politique plus active pour la paix et soutiennent les initiatives diplomatiques en ce sens des organismes régionaux africains – l'Union africaine au premier rang. Tant de vies sont en jeu, tant de familles sont dévastées par ces guerres, tant d'enfants sont obligés de porter des armes, tant d'économies sont ruinées par ces conflits, que tout doit être fait pour renforcer le rôle de médiation de ces organisations et leur capacité d'intervention militaire rapide. Une fois les cessez-le-feu obtenus, l'aide à la reconstruction des institutions des États délabrés ne devra souffrir aucun retard.

Soulignons ainsi qu'il est urgent que la communauté internationale reconnaisse que la sécurité est un bien public global et que les pays fragiles, notamment au Sahel, ne peuvent financer à la fois – comme c'est pourtant indispensable – le renforcement de leur sécurité et les efforts d'investissements susceptibles d'offrir les perspectives d'un avenir de progrès et de paix à leurs populations. Elle doit y prendre sa part.

Reconnaissons, enfin, les lourdes responsabilités des pays producteurs d'armes, dont la France est le quatrième après les États-Unis, la Russie et la Chine. Ils devraient, pour le moins, limiter et contrôler strictement la vente d'armes et de technologies aux régions du monde où la probabilité qu'elles soient utilisées illégalement ou qu'elles tombent entre les mains d'acteurs non étatiques est particulièrement élevée.

Encourager la concurrence et la compétitivité

La clé de la compétitivité sur les marchés régionaux et mondiaux consiste à la fois à favoriser la concurrence entre les entreprises et à freiner la captation excessive des ressources par l'État ou des groupes qui en auraient le contrôle. Le comportement anticoncurrentiel des monopoles et de puissants groupes d'intérêts publics ou privés doit être vigoureusement combattu. Une concurrence accrue pourrait, en outre, aider à résoudre deux des problèmes les plus aigus de la région : le manque de régularité dans la distribution d'électricité et le coût élevé du transport et de la logistique.

Transformer l'agriculture

L'agriculture emploie environ 70 % de la population d'Afrique subsaharienne, la plupart du temps dans des emplois à faible productivité. Elle est confrontée, comme partout dans le monde, à la nécessité de faire face à la demande alimentaire croissante d'une population en rapide expansion ainsi qu'aux conséquences, redoutables sous ses latitudes, du changement climatique. Elle est gravement affectée, au surplus, par l'accaparement des meilleures terres par des investisseurs étrangers, l'extension des villes et le développement des infrastructures collectives. Nous touchons ici à un domaine de « justice exigible », à la satisfaction d'un droit humain fondamental : celui du refus de la faim, pour lequel Jean Ziegler s'est si bien battu en sa qualité de rapporteur spécial de l'ONU pour le droit à l'alimentation. Des progrès sont urgents pour augmenter les revenus des agriculteurs, renforcer la sécurité alimentaire, compenser les conséquences des migrations d'actifs vers les zones urbaines et réaliser le potentiel d'exportation de l'Afrique. Ils dépendront évidemment de l'utilisation efficace de l'eau[1] et des nouvelles technologies, et, surtout, des efforts des gouvernements dans une grande variété de domaines :

– d'abord et avant tout, la mise à la portée des paysans des moyens d'information disponibles sur

1. À ce sujet, on se reportera avec profit au remarquable travail de Gérard Payen – l'un des experts de l'Emerging Markets Forum et du groupe des conseillers pour les problèmes de l'eau du secrétaire général des Nations unies : *De l'eau pour tous ! Abandonner les idées reçues, affronter les réalités* (Armand Colin, 2013).

les avancées agronomiques, et l'accompagnement dans leurs efforts d'adaptation[1] ;

– l'amélioration des infrastructures rurales tellement négligées jusqu'ici pour un accès commode à des marchés modernisés et aux équipements de stockage ;

– le respect de leur engagement collectif, dans le cadre de l'Union africaine, de consacrer à l'agriculture 10 % de leurs ressources budgétaires. Peu de pays s'y sont pour l'instant rangés ;

– une priorité à l'équipement des régions rurales mal desservies, en particulier en matière d'équipement hydraulique et électrique ;

– le règlement rapide des problèmes de droit foncier ;

– un meilleur partage des ressources attribuées à la recherche entre l'agriculture industrielle et familiale ;

– l'intégration régionale entre pays africains en éliminant non seulement les protections douanières, mais aussi les cartels dans le domaine du transport ;

– la préservation, enfin, de la biodiversité et des zones humides qui font partie des richesses du continent.

Si de tels efforts sont accomplis sans délai et si le rôle des femmes dans le monde agricole est pleinement

1. Soulignons à cet égard le travail accompli par des ONG telles qu'Agrisud International qui, dans dix-huit pays, aura été décisif pour le lancement de 50 000 petites exploitations agricoles, concourant ainsi à développer l'emploi et à améliorer la productivité et la durabilité des exploitations.

pris en compte, leurs résultats pourraient dépasser les attentes. L'Africa Progress Panel a établi que l'agriculture africaine pourrait ainsi doubler sa productivité en cinq ans. Cela permettrait d'équilibrer sa balance extérieure, aujourd'hui encore déficitaire de 35 milliards de dollars. Les conditions de vie des paysans africains, surtout, s'en trouveraient, elles aussi, changées.

Mobiliser et investir les revenus provenant des ressources naturelles et aujourd'hui souvent pillées

L'Afrique subsaharienne est riche en ressources minérales et en hydrocarbures. Pour rattraper le reste du monde, elle doit mobiliser une part plus importante des bénéfices provenant de ses ressources minières et les transformer en ressources humaines, en investissements et en capacité financière. Malheureusement, l'extraction de ces ressources crée peu d'emplois, exige des gains de productivité encore plus élevés que les autres industries pour rester compétitive mais surtout, donne lieu à un pillage éhonté.

On ne saurait trop insister sur ce point. Nous voyons disparaître en ce domaine d'énormes richesses qui, affectées au développement, pourraient à elles seules lui donner un formidable élan. Le scandale actuel aboutit à un consternant paradoxe : les habitants des pays riches en ressources naturelles sont les moins bien lotis sur le plan des indicateurs du bien-être humain. Le rapport 2013 de l'APP a ainsi montré que la sous-évaluation frauduleuse des actifs faisant l'objet simplement de cinq contrats de concession en 2010-2012, parmi beaucoup d'autres, a provoqué pour la République démocratique du Congo des pertes estimées à 1,6 milliard de dollars, soit plus du double des budgets santé et éducation réunis (698 millions de dollars), dans un pays où, du fait de la mortalité infantile, 17 % des enfants meurent avant leur cinquième anniversaire et où, sur 11,2 millions d'enfants d'âge scolaire, 7 millions sont déscolarisés. Ajoutons à cela que, à elle seule, la falsification des prix des échanges commerciaux aura coûté à l'Afrique en moyenne 38 milliards de dollars chaque année, entre 2008 et 2010, soit un montant supérieur à ce que la région a reçu en Aide publique au développement (APD) de la part des bailleurs de fonds de l'OCDE. En d'autres termes, l'Afrique pourrait doubler les ressources provenant de l'aide internationale, en introduisant la transparence dans les contrats d'exploitation et en éliminant les pratiques de tarification illégitimes. Nous y reviendrons ci-dessous. Notons simplement que deux autres secteurs liés à l'agriculture sont également concernés par ce combat contre les trafics illégaux : la forêt et la pêche. Dans ces deux domaines, des accords internationaux ont été conclus pour combattre l'exploitation illégale. Il reste à les mettre intégralement en œuvre.

Gérer l'urbanisation

Comme l'histoire de l'Europe des deux derniers siècles l'a bien montré, les villes sont le lieu d'une grande part de l'activité économique. Les entreprises établies en zones urbaines sont à l'avant-garde de la croissance et des créations d'emplois. Les villes africaines ont le potentiel pour devenir des foyers de civilisation, mais elles ne peuvent y parvenir qu'en faisant face à une insuffisance gigantesque d'équipements collectifs équivalant, avons-nous dit, à ce que serait la reconstruction de l'Europe entière au lendemain d'une inimaginable catastrophe. Il est donc essentiel que cet effort massif soit entrepris sans tarder et que les villes d'Afrique réalisent les infrastructures nécessaires à un développement ordonné, assurant à leurs habitants des conditions de vie indispensables : l'accès à l'eau, à l'assainissement collectif, à l'électricité, au traitement des déchets, et des transports en commun accompagnant des programmes de logements populaires décents à des prix abordables. Nous parlons ainsi d'énormes besoins d'investissements. Ils ne pourront être assurés qu'en recourant systématiquement à l'épargne privée nationale et internationale, mobilisée selon les approches innovantes qui seront suggérées au chapitre suivant.

Simultanément, les gouvernements et les autorités locales devront veiller à ce que la puissante attraction de ces conurbations ne se traduise pas par une ghettoïsation dans des bidonvilles misérables des populations rurales qui viendraient y chercher une vie meilleure. Tout cela implique des choix d'urbanisme d'immense portée et l'adoption de systèmes de gouvernement local assurant une gestion efficace de la ville, à commencer par une formation de haut niveau des principaux cadres municipaux.

Promouvoir le commerce et l'intégration régionale

Pour que les entreprises se spécialisent, accroissent leur productivité et créent des emplois, il est indispensable d'élargir les marchés dans lesquels elles se trouvent aujourd'hui trop à l'étroit. Les organisations économiques régionales et leurs États membres doivent être réformés en profondeur, à commencer par les modalités trop souvent népotiques de sélection de leurs cadres dirigeants. Il faut, sans délai, ouvrir le grand chantier de l'élimination des barrières douanières et autres entraves à la libre circulation des biens et des personnes franchissant les frontières. Il convient également d'éliminer le banditisme de grand chemin, et surtout les obstacles les plus honteux créés par les potentats locaux et les bureaucrates qui prélèvent des péages ou édictent des interdictions d'exportations agricoles et toute autre sorte de mesures arbitraires rançonnant leurs administrés.

Reconnaissons-le, les efforts africains pour réduire les conséquences néfastes de la balkanisation héritée de la colonisation ont souvent été décevants… Ils sont aujourd'hui rendus plus difficiles par des tendances souverainistes qui pourraient décourager des efforts nouveaux d'intégration régionale. Il est essentiel de ne pas y céder, car, plus que partout ailleurs, la prospérité et la paix dépendent de cette intégration régionale et de l'ouverture de l'Afrique au monde.

Quel nouveau partenariat ?

Cet ensemble de priorités ne pourra être atteint sans soutien extérieur en réponse aux efforts de l'Afrique pour améliorer sa gouvernance et ses gestions macroéconomiques et structurelles. C'est ici que le partenariat évoqué plus haut entre les pays avancés – particulièrement d'Europe – et l'Afrique trouve tout son sens.

Ce partenariat s'est affadit au cours de la crise des années récentes, comme en témoignent le déclin relatif de l'aide publique au développement des pays avancés à l'Afrique. Cette aide voit son importance diminuer par rapport aux ressources que les Africains peuvent attendre des transferts des travailleurs migrants, d'une collecte plus efficace de leurs impôts, d'une meilleure mobilisation de leur épargne et des apports des investisseurs internationaux. Est-ce à dire que l'âge de l'aide publique au développement – qui apparaissait primordiale il y a encore quelques années et sur laquelle les pays africains ont, hélas, parfois trop compté – est désormais révolu ? Nullement, même si quelques commentateurs franchissent hardiment ce pas. Il y a encore certaines tâches pour lesquelles l'aide extérieure est irremplaçable. Ce sont essentiellement celles dont dépend la préparation de l'avenir, mais qui, compte tenu de leur nature ou de leurs risques, ne peuvent trouver leur financement que dans le don. L'éducation primaire et secondaire, en particulier celle des filles dans les zones rurales reculées, en est un champ d'application manifeste. La formation des jeunes femmes de demain, la maîtrise de leur fécondité, leur rôle même de créatrices de mini-entreprises grâce au développement de la microfinance, en dépendent. Au Kenya, en Zambie, au Burkina Faso, nous avons maintes fois entendu des femmes nous dire : « Ces microcrédits m'ont permis de créer ma toute petite entreprise et, grâce à eux, je peux mieux nourrir mes enfants et les envoyer à l'école. » Comme les ressources des États pour remplir ces tâches se révèlent en général insuffisantes, si ce soutien extérieur n'est pas mis en place, les jeunes femmes de demain n'échapperont pas à leur condition actuelle, et leur pays non plus, car on ne peut attendre des marchés qu'ils assurent de tels financements.

Tel est le cas aussi pour tous les domaines relevant de la santé (prévention de grandes endémies, centres de santé ruraux, etc.) ou de la reprise des tâches de développement dans les régions connaissant ou ayant récemment connu des conflits. L'aide publique reste donc essentielle.

Un exemple nous en est donné par la situation actuelle au Sahel, où il convient d'établir un meilleur équilibre dans les interventions françaises entre les dépenses militaires et celles de développement. Une remarquable étude de la Fondation pour les études et recherches sur le développement international (Ferdi)[1] fournit une analyse et des recommandations précieuses sur la situation de cette partie de l'Afrique, où la poursuite des tâches de développement devrait être menée avec vigueur parallèlement aux opérations militaires de rétablissement de la sécurité. « Dans ces régions extraordinairement vulnérables, tant d'un point de vue économique, social que sécuritaire,

1. *Allier sécurité et développement – Plaidoyer pour le Sahel*, septembre 2016.

l'aide devra prendre essentiellement la forme de dons. La tentation française d'octroyer des prêts, faute de ressources en subventions, pourrait à terme se révéler illusoire, même dans les secteurs habituellement considérés comme rentables, compte tenu de risques inhabituels. Le contexte mouvant et divers des régions sahéliennes impose aux bailleurs d'accepter qu'une partie de leurs actions soit des échecs. »

Il est donc indispensable d'accroître la part du don dans la panoplie des instruments de financement du développement. Sans cela, les dépenses les plus essentielles ne pourront être assumées.

Une autre raison tout aussi fondamentale de porter notre aide publique au développement au minimum au niveau de nos promesses doit être rappelée : le lien entre le respect des engagements pris et la cohésion de la communauté mondiale. Parmi les nombreux engagements pris par la France depuis fort longtemps – et jamais tenus, bien que maintes fois réitérés – figure celui de consacrer 0,7 % de notre PIB à l'aide publique au développement ; nous n'en sommes aujourd'hui qu'à mi-chemin : autour de 0,35 %. Si nous demandons que cet engagement soit tenu, comme le gouvernement britannique est parvenu récemment à le faire, on nous opposera la dureté des temps, la nécessité incontournable de redresser nos finances publiques. Cet argument ne tient guère. Nous ne sommes pas plus pauvres aujourd'hui que lorsque nous avons souscrit cet engagement ! Ajoutons ceci : dans la perspective de 2050, le plus important est de tenir la parole donnée. Cet enjeu est essentiel pour une communauté mondiale qui s'unifie : il y va de la confiance entre ses membres. C'est sur celle-ci que se construit toute communauté humaine véritable. Trop longtemps, nous avons pris nos engagements à la légère. Si nous permettons au cynisme de prévaloir dans ce domaine, nous devrons abandonner le rêve de progresser vers une société mondiale viable. Supposons en revanche que, dans un véritable esprit de partenariat, nous nous attachions à tenir parole et que les bénéficiaires de cette aide respectent leurs engagements : une sorte de cercle vertueux pourra alors s'ensuivre vers une croissance durable. On peut imaginer les nombreuses synergies qui se développeront entre les dépenses sociales et la croissance, entre l'éducation et la démocratie participative, entre l'éducation des filles et la capacité des femmes à contrôler les naissances et leur propre vie… De telles synergies augmenteront nos chances de parvenir à éliminer avant 2030 la grande pauvreté, notre objectif premier et notre étape essentielle vers 2050.

Mentionnons enfin deux modes d'intervention efficaces pour soutenir l'Afrique dans sa marche vers les ODD, hors de toute dépense budgétaire de notre part. Il s'agirait, en premier lieu, d'user de tous les moyens de droit disponibles et de tous nos leviers d'influence internationale pour prendre notre pleine part au combat des pays africains contre le pillage de leur ressources extractives qu'ils subissent et les sorties illicites de capitaux. Ce scandale mis en évidence, notamment par les travaux de l'Africa Progress Panel (APP), a entraîné des pertes de ressources pour l'Afrique subsaharienne qui se sont élevées, en 2016, à 69 milliards de dollars, soit plus que l'insuffisance constatée de ses ressources pour le financement à la fois de son secteur énergétique (55 milliards) et des montants requis pour les dépenses d'adaptation au changement climatique (11 milliards). En réduisant au maximum l'évasion fiscale, notamment à travers les centres off-shore, et en pourchassant les transactions illicites (telles les surfacturations au sein des groupes industriels ou la sous-évaluation des actifs dans le cadre des contrats de concession), nous apporterions un soutien décisif à la réalisation de ces deux objectifs majeurs que l'on dit trop vite hors d'atteinte. Nous devrions, en second lieu, user de toute notre influence pour obtenir que soient réduites à un niveau raisonnable les commissions exorbitantes prélevées par les opérateurs des transferts financiers de travailleurs migrants d'un montant mondial annuel de 400 milliards de dollars vers leur pays d'origine. Il faut mettre fin à cette sorte de rançon sur une épargne si difficilement constituée.

Ces diverses formes de soutien au développement de l'Afrique sont de la plus haute importance. Elles devront s'accompagner de la pleine reconnaissance de la place de ce continent dans la gouvernance d'un monde multipolaire. Nous reviendrons sur ce point dans le chapitre consacré ci-dessous à la gouvernance mondiale.

Les migrations : défi au partenariat Europe-Afrique

Le drame des migrants s'impose à toute réflexion sur le développement des pays pauvres. D'abord parce qu'il faut rétablir la vérité face à des discours démagogiques, xénophobes et outrancièrement mensongers[1]. Parce que, aussi, les migrations continueront d'être un des traits des décennies à venir. Nous n'avons donc d'alternative viable que de substituer une ouverture maîtrisée, mais humaine et partenariale, aux politiques insatisfaisantes et parfois étriquées, sinon honteuses, d'aujourd'hui.

Simone Weil l'a dit magnifiquement quelques mois avant sa mort d'épuisement à Ashford le 24 août 1943 : « C'est un devoir de nous déraciner, mais c'est

1. On se reportera avec profit au livre d'E. M. Mouhoud, *L'Immigration en France. Mythes et réalités* (Fayard, 2017), qui dénonce à ce propos quinze mythes infondés : non seulement la peur de voir entrer chez nous des djihadistes ou des criminels, mais aussi celle de la perte d'emplois, de la baisse des salaires, de la ruine de nos budgets, etc. La crainte de nous voir accueillir « toute la misère du monde » s'y ajoute, alors que nos performances en matière d'accueil des réfugiés ne dépassent pas la moyenne des pays de l'OCDE.

un crime que de déraciner l'autre.» Or, ce crime, le monde contemporain le commet en bien des endroits du monde : sur les rives du Rio Grande, par exemple, et, évidemment, sur celles de la Méditerranée. Tenons-nous-en, ici, à ce dernier cas. Faute de trouver les moyens ou les raisons de vivre là où ils ont leurs racines, d'innombrables jeunes Africains tentent cette aventure de tous les périls. Nous savons trop ce qui les attend de ce côté-ci de la mer… s'ils parviennent à nos rivages. Ceux qui risquent la traversée sont très probablement les membres les plus vigoureux, les plus doués de leur génération ; ils se sacrifient pour leurs familles, mais, avec leur départ, l'Afrique se vide de ce qu'elle a de meilleur.

Près de vingt ans après, un message que je m'étais hâté, à l'époque, de répercuter à la réunion annuelle de tous les ministres des Finances et gouverneurs de banques centrales du monde, résonne encore à mes oreilles : c'était celui, écrit sur la page d'un cahier d'écolier, de deux enfants guinéens, Yaguine Koika et Fodé Tounkara, découverts morts dans le logement du train d'atterrissage d'un long-courrier entre Conakry et Bruxelles, au cours de l'été 1999 : « Excellence, Messieurs les membres et responsables d'Europe. Nous souffrons énormément en Afrique. Aidez-nous. Nous avons des problèmes en Afrique et quelques manques aux droits de l'enfant… Nous avons la guerre, la maladie, pas de nourriture… Nous voulons étudier et nous vous demandons de nous aider à étudier pour être comme vous, en Afrique. » Ce message reste d'actualité et, pourtant, beaucoup d'entre nous en Europe semblent ne pas l'entendre. Les préjugés continuent d'abonder contre toute évidence. Les immigrés priveraient de travail les chômeurs, porteraient atteinte à notre identité, etc. Ces contre-vérités alimentent tous les « il n'y a qu'à… » ou la suggestion illusoire de la fermeture des frontières.

Revenons aux chiffres que nous connaissons des perspectives démographiques Afrique-Europe. Ils suggèrent que les migrations continueront d'être un des traits durables du XXIe siècle. Ces aventures sans retour se multiplieront si des espoirs crédibles de développement et d'emplois tardent à se manifester dans les pays africains, évitant ce que Simone Weil appelait le « déracinement de l'autre ». Au lieu de donner libre cours à notre indignation devant tant de criailleries mensongères et xénophobes et tant de timidité des décideurs, il est temps de nous ressaisir. Soyons reconnaissants à Angela Merkel d'avoir sauvé, presque seule, l'honneur de l'Europe et d'avoir – en prenant tant de risques politiques – donné un courageux exemple à ses voisins. Peu de Prix Nobel – si, comme je le souhaite, il lui est attribué – auront été aussi mérités.

Nul n'ignore les grandes difficultés de ce problème, mais il est incontournable. Il commande, sur le long terme, la relation Europe-Afrique. Il est urgent pour nous de cesser de camper hypocritement dans le confort de la distinction entre réfugiés que l'on accueille avec les méthodes que l'on sait et les migrants économiques voués à la reconduite aux frontières ou, le plus souvent, à la condition de « sans-papiers », proche de celle de sous-hommes dans nos sociétés. On peut partager la perplexité de Marie Darrieussecq qui continue à ne pas comprendre « qu'il est moins légitime de fuir la faim que la guerre, de fuir l'absence de futur que les persécutions[1] ». Cette distinction ne pourra tenir longtemps. Acceptons donc de dire la vérité à nos concitoyens : d'abord, sur tout ce qu'il y a de mensonger dans la propagande sur les menaces de l'immigration pour l'emploi, notre sécurité et même notre identité nationale. Mettons sous les yeux de ceux qui se veulent réalistes les travaux des économistes les plus reconnus, qui démontrent les bénéfices économiques à moyen et long terme de l'accueil des immigrants pour des pays en cours de vieillissement. Une étude approfondie du FMI[2] suggère que les migrations accroissent le PIB des pays d'accueil en stimulant les investissements et en améliorant la productivité du travail. Selon l'étude citée, l'augmentation de 1 % de la part de travailleurs migrants dans

1. Marie Darrieussecq, « Tenir contre le sentiment d'impuissance », *Le Monde*, « Idées », 1er décembre 2016.
2. World Economic Outlook (WEO), octobre 2016, FMI.

la population active peut augmenter le PIB par tête sur le long terme jusqu'à 2 %.

Nos réponses à courte vue aux problèmes des migrations nous conduisent à une impasse sur notre route vers 2050. Trop souvent, les pouvoirs publics donnent l'impression de se contenter de demi-mesures ou de préférer ignorer certaines des dimensions multiples du problème. Il est urgent qu'ils l'abordent dans toute son ampleur, en commençant par soutenir les nombreuses initiatives de la société civile, de tous ceux qui, ignorant nos peurs collectives, mettent en place avec intelligence et humanité des structures d'accueil temporaires ou définitives. Ces volontaires retrouvent ainsi, dans un grand respect des personnes accueillies, les meilleures traditions d'un pays si souvent enrichi à travers l'histoire par l'hospitalité offerte à des étrangers en détresse. Bien des initiatives récentes des pouvoirs publics sont méritoires, elles aussi, et doivent être vues comme le début d'une longue marche. Il sera essentiel d'amplifier cet effort, tout en sachant respecter un seuil d'acceptabilité pour éviter des réactions de rejet irrationnelles là où l'ouverture bien menée est d'intérêt public. Il est important que ces politiques soient conduites autant que possible en partenariat avec les pays d'origine. Elles devront viser, dans certains cas, une pleine intégration ; dans d'autres, comme beaucoup de migrants le souhaitent maintenant, on pourra s'orienter vers un modèle de migration circulaire en aidant les intéressés à préparer leur retour dans leur pays au terme d'un séjour formateur en Europe. Encourageons aussi un renouveau des politiques de codéveloppement : elles avaient été esquissées en France depuis les années 1960 par Michel Rocard, puis reprises comme une sorte de panacée il y a une dizaine d'années, mais elles ont été très pauvrement mises en œuvre depuis. Elles impliquent de s'engager dans un dialogue beaucoup plus responsable avec les pays d'origine et leurs diasporas, et d'y mettre le prix en tenant nos promesses d'Aide publique au développement. Par des actions de formation des jeunes, des investissements industriels ou agronomiques locaux, nous devons nous montrer prêts à agir au mieux de nos moyens, pour que la jeunesse de ces pays reconnaisse qu'elle peut trouver chez elle son avenir.

Enfin, malgré les ratés des années récentes, l'adoption d'une position commune avec l'Allemagne devrait servir de socle à une stratégie par laquelle un groupe significatif de nations européennes démontrerait que le partenariat de l'Union avec l'Afrique n'est pas un vain mot. Songeant à 2050, il nous faut, avec prudence mais lucidité et ouverture, multiplier des projets qui soient construits avec tous : réfugiés, migrants, citoyens de nos pays et pays d'origine. Les exemples en sont de plus en plus nombreux, même s'ils demeurent souvent discrets. Tel est le cas de l'initiative de la communauté de Sant'Egidio, qui se veut une alternative aux voyages des réfugiés spoliés par des passeurs sur les « embarcations de la mort » en Méditerranée. Elle consiste à identifier des personnes en condition de vulnérabilité, à leur permettre, en liaison avec les services publics et les organisations caritatives, une entrée légale en France, l'hébergement, un accueil et l'accompagnement au processus d'intégration dans notre pays. Il est prévu que 500 personnes provenant de camps de réfugiés surpeuplés au Liban en bénéficieront, après 700 autres en Italie.

Il est clair que beaucoup d'Européens demeurent sceptiques ou hostiles devant ces perspectives. Pourtant, une réalité s'impose progressivement à nos regards : partout où l'accueil s'organise, souvent simplement avec les moyens du bord, les appréhensions s'estompent, des liens se nouent, une satisfaction se manifeste où se mêlent gratitude parmi les migrants et fierté modeste chez ceux qui les accueillent. Il est temps de débarrasser nos compatriotes des préjugés qui les paralysent et de les aider à se rendre compte qu'un continent vieillissant comme le nôtre a tout intérêt à mettre sur pied la politique d'ouverture raisonnable esquissée ici. Il n'y va pas seulement d'humanité, mais d'intérêt bien compris. Sans l'apport d'une telle immigration, notre économie verrait son potentiel de croissance décliner et, avec lui, sa position dans le monde progressivement s'effacer. Nous le savons, des pays comme le Japon et la Chine vont plus tôt que nous être confrontés à des situations de même nature, bien que plus graves encore. La France et l'Europe joueraient un rôle mondial précieux si elles se montraient capables de prouver, par leur exemple, la faisabilité et la fécondité de cette approche. Elles ont aussi des initiatives à prendre au niveau des institutions mondiales. Elles devraient, par exemple, jouer un rôle moteur au sein des Nations unies et travailler au renouveau de la gouvernance mondiale en ce domaine. Une des tâches qu'elles pourraient entreprendre, par exemple, est de contribuer à un consensus mondial sur le droit international des migrations. Ce droit est aujourd'hui bancal. Il se résume presque exclusivement en un « droit de sortie » (article 13 de la Déclaration universelle des droits de l'homme de 1948), mais sans que soit précisé un « droit d'entrée », à l'exception du droit d'asile – très diversement interprété selon les pays.

Il est donc nécessaire d'ouvrir un chantier pour harmoniser les droits des migrants et les responsabilités des États. L'Europe, à partir d'une réflexion sur ses propres succès et erreurs, peut et doit y contribuer.

Des finances servantes de l'économie

Amener la finance, dans ses divers métiers, à se comporter en servante de l'économie, au lieu de chercher surtout à servir ses propres intérêts. Tel est, pour nous, le deuxième chemin vers un monde meilleur.

Illusion ! nous hurlera-t-on de tous côtés. Discernant des erreurs techniques surprenantes – et des fautes morales lourdes dans le comportement des hommes de finance à l'origine de la crise de 2007-2008 –, l'opinion publique reste profondément sceptique quant à un changement de comportement de leur part. Souvent tirés d'affaire à grand renfort de financements publics, alors que le système financier mondial était au bord de l'effondrement après la faillite de Lehman Brothers, les banquiers ne rêveraient plus aujourd'hui que de retour au bon vieux temps, au *business as usual*.

Dans l'intérêt même des banques et des institutions financières, et pour éviter que les mêmes causes ne créent les mêmes effets, une autre voie doit être explorée. Elle est celle du retour à une conception du capitalisme qu'Adam Smith avait esquissée dès la publication de sa *Théorie des sentiments moraux* et, quelques années après, dans ses *Recherches sur la nature et les causes de la richesse des nations* ; il y reconnaissait l'obligation pour toute entreprise, sans pour autant abandonner la recherche du profit, d'avoir le souci du service de la communauté dans laquelle elle s'insère.

Le principe de responsabilité sociale de l'entreprise, aujourd'hui de plus en plus reconnu, repose sur cette conception. On a souvent ironisé en suggérant que ceux qui s'y réfèrent ont surtout pour ambition d'insérer quelques paragraphes d'édifiante rhétorique sur le papier glacé des rapports de conseils d'administration. Nous ne partageons pas ce cynisme. Nous connaissons trop le travail sérieux, discret mais résolu, de beaucoup de dirigeants et de cadres qui s'attachent à mettre en œuvre ce principe dans leur entreprise ou leur banque. Nous pensons que réellement prise au sérieux, la responsabilité sociale de l'entreprise peut efficacement contribuer au renouveau du rôle de la finance et à la solution des trois problèmes financiers majeurs que nous avons identifié parmi les dynamismes structurants de l'économie mondiale. Pour prendre cependant toute la mesure des changements nécessaires, il convient de déchiffrer d'abord l'énigme du formidable dérèglement financier qui a failli conduire à l'effondrement du système économique mondial en 2007-2008. Nous pourrons alors tenter de répondre à ces trois questions majeures :

– Quel renouveau éthique promouvoir pour la finance de demain ?

– Avec quelles ressources financer les immenses besoins d'investissement du monde, et tout spécialement, bien sûr, ceux des pays pauvres ?

– Quel système monétaire et financier mettre en place pour assurer une croissance stable et durable ?

L'énigme de l'origine de la crise de 2007-2008

Oui, il s'agit bien de la plus grande crise financière de l'histoire mondiale – la première, en tout cas, de dimension universelle ; ses ravages ont été immenses. La finance, jusque-là en position impériale, s'est trouvée décrédibilisée. Une formidable défiance à son égard est venue grossir la profonde crise de confiance dont souffrent la plupart des institutions, y compris politiques, du monde. Tout a été dit à ce propos. Arrêtons-nous simplement à quelques observations difficilement contestables.

La crise vient de loin. Nous avons assisté, depuis une trentaine d'années, à une sorte de dérapage collectif dans la sphère financière : à tous les stades, erreurs techniques et lourdes fautes éthiques se sont étroitement mêlées. La banque française prétend, à juste titre je crois, avoir fait moins de bêtises que les autres, mais elle n'en a pas été exempte et elle a vécu dans un contexte international qui tenait du désastre.

D'où a pu provenir un pareil effondrement ? On se contente, parfois, de l'expliquer par le formidable déséquilibre des fonctions d'épargne et d'investissement, reflété dans les déséquilibres pyramidaux des balances des paiements des pays à surplus (asiatiques et pétroliers) et en déficit (États-Unis), et dans les complaisances des politiques monétaires à l'origine de situations insoutenables d'endettement. De toute évidence, il y a plus. L'explication fondamentale se trouve, à mon sens, dans l'impact de la révolution idéologique néolibérale promue par Hayek, Friedman et quelques autres au cours des années 1970-1980, et dans sa rencontre avec la vaste dérive consumériste de nos sociétés au lendemain des Trente Glorieuses.

On se souvient que, pour Hayek, dont l'influence a été profonde, les forces d'autorégulation du marché suffisent à provoquer les ajustements nécessaires en toutes circonstances. Toute intervention publique susceptible de contrarier ces forces serait alors à exclure. Il faudrait donc se défaire de ce souci du bien commun et de la justice sociale qu'Adam Smith jugeait essentiels à la réussite d'une économie de marché, et qui a inspiré l'économie sociale de marché au lendemain de la Seconde Guerre mondiale. Or, cette révolution intellectuelle néolibérale s'est produite au moment même où un immense marché mondial, non plus monétaire mais financier, commençait à se développer et s'est instauré – du fait de cette nouvelle doctrine – hors de toute régulation, hors de tout contrôle. Avec le tournant néolibéral incarné politiquement par Mme Thatcher, le président Reagan et tous ceux qui, plus ou moins ouvertement, les ont suivis, l'État était hors jeu. « L'État est le problème, non la solution », disait Ronald Reagan pendant sa campagne victorieuse de 1981. « *Never lecture the bankers*[1] », me répliquait Mme Thatcher quand, directeur général du FMI, je venais lui expliquer les responsabilités du système bancaire dans la crise de la dette latino-américaine des années 1980. Comme le lecteur s'en doute bien, cette injonction n'a été écoutée que d'une oreille ! Les régulateurs se voyaient priés de laisser le nouveau marché financier se développer en toute liberté ; le Fonds monétaire international n'avait ni le droit ni les moyens de s'en mêler. En vertu de ses statuts, son contrôle s'étendait aux marchés monétaires et aux transactions courantes, non aux mouvements de capitaux. Du coup, la tentation a été forte pour les institutions financières d'inventer des instruments leur permettant de loger sur ce nouveau marché des opérations qui, sur le marché

1. « Ne prétendez jamais donner de leçons aux banquiers ! »

monétaire plus surveillé, n'auraient pu se développer avec la même exubérance et… les mêmes profits ! Cela s'est produit avec la fuite de ces opérations vers le « hors-bilan », quasiment hors de toute règle et de toute surveillance prudentielle. De fait, le néolibéralisme, que nous pourrions qualifier d'hérésie du capitalisme, s'est traduit dans le monde de la finance par trois lacunes majeures :

– l'absence d'un cadre réglementaire minimum, car il était « interdit d'interdire » ;

– l'absence d'institutions vigoureuses pour appliquer aux formes nouvelles de la finance les règles nécessaires et les faire respecter ;

– et surtout une carence éthique, puisque toute préoccupation de cette nature était considérée comme étrangère à l'univers économique et financier. En écartant ainsi la préoccupation éthique de la gestion de l'économie, cette nouvelle approche ouvrait cette dernière à toutes les pulsions humaines d'accaparement et de « chacun pour soi », à une sorte d'*hubris* collective.

Sur un marché sans règle ni surveillance, bon nombre d'acteurs ont considéré qu'ils avaient la bride sur le cou et certains se sont mis à se comporter comme des gens sans foi ni loi. Leurs comportements ont fini par servir de référence, même si quelques voix multipliaient les mises en garde. Nous sommes ainsi parvenus à ce qu'Alan Greenspan appelait, en 1996, l'« exubérance irrationnelle ». Cette remarque n'a en rien troublé le consensus global qui préconisait le « laisser-faire ». On a au contraire assisté à un formidable dérèglement, fait autant d'erreurs techniques lourdes que de fautes morales graves. La liste est longue de ces erreurs et de ces fautes. On peut – sans nullement prétendre être exhaustif – en citer quelques exemples :

– l'émission de titres pour un client et spéculation sur leur échec ;

– une totale complaisance à l'égard des centres offshore ou leur utilisation systématique pour échapper aux lois prudentielles ou fiscales ;

– des rémunérations de dirigeants auto-attribuées et totalement injustifiables ;

– les prêts *subprime* aux « ninjas », acronyme exécrable qui qualifiait les emprunteurs les plus pauvres (« *no income, no job, no assets*[1] ») spéculant de fait sur une hausse indéfinie du marché immobilier ;

– il faudrait y ajouter d'étranges complaisances ou de coupables défaillances du côté des régulateurs ou des superviseurs publics.

Un facteur aggravant explique que cette longue litanie d'erreurs et de fautes ait entraîné une crise majeure : le fait que ces dérapages (techniques ou éthiques) n'étaient plus simplement ceux de telle institution ou de tel individu ici ou là, mais se traduisaient par un dérèglement général du système financier au moment où nos sociétés

1. « Ni revenu, ni emploi, ni patrimoine. »

avancées se vautraient dans un consumérisme financé par l'endettement. La dérive de la finance ne s'opérait pas dans une bulle; elle faisait système avec toute une évolution sociale, au risque d'aboutir à un effondrement.

Ces pratiques et ces comportements expliquent le désenchantement profond que nous connaissons aujourd'hui à l'égard de la finance: celui, manifeste, de nos sociétés, celui, plus discret, de beaucoup de professionnels de ces métiers. Ces derniers sont frustrés de se voir si souvent assujettis à une discipline exclusive de ratios, d'objectifs d'exploitation qui les éloignent de leur clientèle. Ils sentent leur capacité d'initiative étouffée, et stérilisé cet immense capital humain des établissements sur lequel étaient traditionnellement construits le prestige et la prospérité de la finance.

Toute une littérature d'investigation se complaît aujourd'hui à nous révéler mille exemples de dévoiement des comportements et des règles sur lesquels s'était construite la crédibilité des institutions financières, comme si les aberrations des années d'« exubérance irrationnelle » avaient fait des financiers des objets anthropologiques aussi fascinants que telle ou telle tribu papoue.

L'effort de redressement en cours

Laissons là la litanie de ces erreurs et tournons-nous plutôt vers l'effort entrepris – et toujours en cours – pour restaurer la crédibilité de la finance. Il s'agira évidemment de combler les trois lacunes que nous venons d'identifier, en commençant par un nouveau système de régulation.

Si l'on se réfère à ce que fut la crise de 1929, il est une bonne nouvelle. C'est la manière dont s'est organisée et mise en place la réaction de la communauté internationale à travers le G20. La réaction a été forte et le travail accompli pour répondre aux carences réglementaires et institutionnelles a abouti à des décisions importantes. Ce travail a été, à certains égards, sans précédent. Les documents issus du G20 dès le 15 novembre 2008 (à peine deux mois après la chute de Lehman), puis le 2 avril 2009, comportent des décisions inimaginables seulement deux ans auparavant. Je ne parle pas de la nationalisation des banques décidée par les gouvernements des États-Unis et de Grande-Bretagne, mais de principes comme (je cite le document final du G20) « l'engagement de renforcer toutes nos régulations ; l'engagement de soumettre tous nos marchés (produits et acteurs financiers) à une régulation ou à une surveillance, selon le cas ». Sont visés ici des sujets jusque-là tabous tels que les centres off-shore, les fonds spéculatifs (*hedge funds*) et les agences de notation… Quant au nouveau paradigme recherché pour la conduite de l'économie mondiale, il a été formulé ainsi (G20 de Londres) : « une économie mondiale fondée sur les principes du marché, sur une régulation efficace et sur des institutions planétaires fortes ». C'est donc réellement l'inversion des principes néolibéraux qui prévalaient jusque-là.

À l'examen, nous pouvons dire, tenant compte de la réelle complexité de toutes ces questions, que le travail a avancé au chapitre des régulations nécessaires :

– lutte contre les paradis fiscaux ;

– premières tentatives de normalisation des rémunérations et d'éradication des conflits d'intérêts ;

– transparence et traçabilité des opérations financières ;

– effacement de la procyclicité des règles comptables ;

– réforme des réglementations prudentielles dans le souci de leur applicabilité universelle ;

– instauration, au niveau européen, d'une instance de régulation bancaire forte et indépendante, susceptible de promouvoir et de soutenir un dispositif de régulation adapté aux innovations de l'économie financière, respectueux de l'intermédiation bancaire et complété par des règles plus fortes permettant de combattre efficacement la finance criminelle ;

– mise en place, enfin, d'un mécanisme européen et mondial plus crédible de gestion des crises.

Tout cela demeure cependant à l'état de *work in progress*. Il reste beaucoup à faire.

Tout ce travail des instances européennes et du G20 suffira-t-il ? Si les principes sont posés et si les gouvernements ont bien compris qu'il faut poursuivre dans cette direction, ce chantier devra rester durablement ouvert. La seule action régulatrice et institutionnelle ne suffira pas à remettre sur pied la finance mondiale. Car la finance, ce sont aussi des hommes : leurs comportements, leur culture – et là, nous touchons aux racines les plus profondes de la crise –, leurs racines éthiques. Au surplus, nous ne pouvons pas ciseler nos réformes comme si nous vivions dans un monde statique. Un monde radicalement neuf émerge. Quelques « hypertendances » provoquent déjà de puissants soubresauts dans l'économie ; ceux-ci risquent de s'accentuer, d'autant que notre vieille culture, par bien de ses aspects, résiste à des changements de plus en plus nécessaires. C'est donc avec des finances convalescentes et encore fragiles qu'il faut aborder, sans attendre davantage, nos trois grands chantiers financiers de l'avenir. Et, en premier, celui de son indispensable renouveau éthique.

Quel renouveau éthique pour la finance de demain ?

Là où la crise a été éthique à son origine, sa sortie doit l'être aussi ! L'hérésie néolibérale a cherché à maximiser l'efficacité de la finance en se défaisant de toutes les contraintes publiques et, plus profondément encore, de toute règle morale. Cette illusion a conduit à évacuer la question du bien et du mal du monde de la finance, comme si, sur les portes des salles de marché, des comités de direction ou des conseils d'administration, des panneaux étaient accrochés : « Session en cours ; consciences au vestiaire. » La maximisation du profit à court terme a été promue comme seule règle et des rendements mirifiques sont devenus courants. En s'aveuglant ainsi sur la dimension humaine de l'économie, on prenait le risque de détruire l'économie tout entière. On connaît la suite.

Ne cherchons pas plus loin la clé fondamentale d'une remise sur pied de la finance. Rendons-la à des hommes pleinement responsables et non plus éviscérés de ce qu'ils ont d'essentiel et de plus admirable, « la loi morale au fond de leur cœur » (Kant). Préparons, pour gérer l'économie du XXIe siècle, des hommes de raison, de conscience et de cœur ! Ils n'en seront pas moins efficaces, bien au contraire. Le retour à une économie mondiale en croissance optimale et durable passe par sa prise en compte de la plénitude des besoins humains. Seuls sauront le faire des hommes et des femmes poursuivant, au-delà de profits à court terme, le progrès global et inclusif de l'économie. Ce sont de tels leaders que les écoles de commerce doivent s'assigner pour tâche primordiale de former. C'est ainsi que nous pourrons réduire l'épisode barbare et désastreux de cette crise à une hérésie temporaire dans l'histoire du capitalisme. Les idéologues reaganiens du début des années 1980 voulaient faire de cette finance livrée à elle-même « l'horizon indépassable du capitalisme ». Nous aurons mieux à faire : inventer des finances au service de l'économie nouvelle qui émerge devant nous, les rendre plus humaines pour un monde meilleur. Aux étudiants qui demandent comment y travailler, dès maintenant, répondons : « Éduquez vos consciences comme vous éduquez vos intelligences. Suivez les travaux de tous ces comités d'éthique qui se multiplient dans les branches professionnelles ; ne vous contentez pas du simple *Tu ne voleras pas*, ni des vieux codes de conduite là où il y en a. Soyez attentifs aux évolutions du monde autour de vous et cherchez, en toute chose, plus d'efficacité certes, mais tout autant plus d'équité véritable, plus de service pour vos clients et pour ceux qui n'auront même pas, au départ, les moyens de le devenir. C'est ainsi que les finances trouveront la voie de leur réenchantement, celle de l'humble service de l'économie pour lequel elles demeurent indispensables. » Bel idéal, murmureront tous les sceptiques et tous les nostalgiques du *business as usual*. Nous comprenons leurs doutes, car nous connaissons bien cet univers. Nous ne les partageons pas, car nous sommes convaincus que l'avenir des métiers de la finance passe par ce changement profond de nos propres mentalités et de nos habitudes.

Jusqu'ici, nous n'avons évoqué que les métiers de la finance. En fait, il nous faut étendre cette réflexion à toute la sphère de l'économie, tellement l'attrait de l'argent et des gains faciles altère profondément son fonctionnement. Il y aurait tout un livre à écrire sur les méfaits de la corruption et sur ce couple funeste du corrupteur au Nord et du corrompu au Sud. Nous avons vu de près ses ravages et mesuré l'héroïsme – si ce n'est la sainteté – de ceux qui y résistent. C'est un des maux les plus graves dont souffre la grande majorité des pays : il corrode les institutions et le lien social, il vide des pays de leurs ressources et de leurs richesses naturelles, en une sorte de pillage à grande échelle.

Le soupçon de corruption s'introduit partout et peut même atteindre les contributions les plus désintéressées. J'entends encore une confidence désolante du roi Bhumibol de Thaïlande, dont je venais prendre congé. « J'ai une grande reconnaissance, me dit-il, pour l'aide internationale. Malheureusement, dans des pays aussi corrompus que les nôtres, elle est comme ces premières pluies de la mousson qui, tombant sur un sol surchauffé, s'évaporent avant de le toucher. » Certes, il y avait là la trace de découragement du souverain au soir de sa vie, mais l'image sévère valait pour son pays comme pour beaucoup d'autres.

Bref, la corruption peut être considérée, avec la montée des inégalités qui lui est rarement étrangère, comme un des principaux obstacles à un développement durable. La transparence des transactions est la meilleure réponse à lui apporter, comme l'a si bien compris Peter Eigen, ancien directeur régional de la Banque mondiale et fondateur de l'ONG Transparency International. Nul effort ne doit être épargné pour la combattre sur le plan national et international, en poursuivant d'urgence, en particulier et jusqu'à son terme, le combat pour neutraliser les effets pervers de l'existence des centres off-shore et autres paradis fiscaux. Depuis 1989, où, lors du « Sommet de l'Arche » à Paris, cette question a été pour la première fois soumise au G7 par le président Mitterrand, d'innombrables initiatives ont été prises à cette fin. La société civile, et notamment Transparency International ont pris le relais. L'OCDE s'est saisie de ce sujet et accomplit un travail remarquable. Les grandes puissances politiques, les entreprises et les institutions financières internationales ont, en ce domaine, la responsabilité majeure de parachever le travail d'assainissement entrepris. Hors de ce combat, point de salut !

Financer les énormes besoins mondiaux d'investissements

Le monde sera confronté, au cours des trois décennies qui viennent, à des besoins d'investissements sans précédent. Ils se manifesteront dans tous les domaines couverts par les engagements de développement durable. Il faudra y ajouter ceux reconnus par la COP 21 pour faire face au changement climatique. À la date où ce livre est écrit, il n'existe pas encore d'évaluation précise du total des ressources à réunir. Quelques données partielles ont été fournies : le rapport de l'économiste britannique Nicholas Stern et de l'ancien président mexicain Felipe Calderon, en 2014, parle de 93 000 milliards de dollars nécessaires entre 2015 et 2030 pour substituer au modèle actuel un modèle global de croissance à faible taux de carbone. Il s'agira très approximativement d'investissements annuels de l'ordre de plusieurs trillions de dollars (vraisemblablement entre 5 et 10) par an.

Le changement de l'unité de calcul du milliard au millier de milliards (le trillion des Anglo-Saxons) nous donne une idée, à lui seul, de la dimension du problème. Jusqu'ici, lorsque l'on tentait d'évaluer les besoins annuels d'investissements pour le développement, il s'agissait de quelques centaines de milliards de dollars par an, et l'on avait les plus grandes peines à réunir de tels montants.

Aujourd'hui, comme le dit très bien le titre d'une excellente étude des grandes institutions internationales conduite en 2015 par la Banque mondiale sous l'autorité de Bertrand Badré, à l'époque responsable de ses finances, on passe *From Billions to Trillions :*

Transforming Development Finance. Ainsi, avec le saut des milliards aux « trillions », nous tenons compte d'un accroissement majeur des sommes à réunir. N'est-ce pas tout simplement hors de portée ? On pourrait le penser et se borner à tenter de raboter les évaluations ou à échafauder des mécanismes ingénieux reposant *in fine* sur une création monétaire totalement inacceptable… Rien de tel ne résiste longtemps à une réflexion responsable. On est alors confronté à la perspective de besoins essentiels non satisfaits. Mais comment se résigner aujourd'hui à l'accentuation universelle du stress hydrique, à des retards majeurs dans l'accès aux soins, à l'éducation de base ou à l'électricité ?

Quelle nouvelle stratégie et quels nouveaux instruments pouvons-nous alors concevoir pour réaliser les objectifs que le monde s'est assignés ? Les moyens utilisés jusqu'ici seront loin d'y suffire. Imaginons par exemple que, renonçant à leur frivolité et à leur cynisme, les pays avancés – dont le mien –, conformément à leur vieil engagement, décident de tenir leur promesse en matière d'aide publique au développement : cela la porterait de 135 milliards de dollars annuels à environ 270 milliards. Ceci serait méritoire mais insuffisant. Nous devons évidemment faire cet effort, mais il n'est nullement certain qu'il sera fait et il n'est guère raisonnable d'escompter que d'autres apports publics de ces pays puissent s'y ajouter. Comment boucler donc l'équation critique entre épargne globale et investissements nécessaires à la réalisation des objectifs du bien public global pour les prochaines décennies ?

Nul, aujourd'hui, ne prétend encore détenir cette solution. Pourtant, aux meilleurs moments de son histoire millénaire, la finance a trouvé en elle-même les ressources de créativité qui ont permis à l'économie mondiale de franchir de nouvelles étapes de son développement. Cela s'impose aujourd'hui : non pas renoncer à l'invention d'instruments sophistiqués qui continueront d'être nécessaires, non pas se contenter de redresser les abus d'hier et de s'interdire les délices toxiques de l'économie de casino… mais mettre au service de l'économie mondiale ce que la finance a de meilleur : sa capacité de collecte de l'épargne, ses ressources d'inventivité et d'intermédiation, pour rendre à ce monde nouveau les services qu'elle est seule en mesure d'offrir. Il s'agira de faciliter la réorientation vers des investissements essentiels d'une part importante de l'épargne privée, aujourd'hui abondante, mais affectée de façon sous-optimale à des emplois trop courts ou dangereusement spéculatifs.

Les sommes entre les mains des fonds privés de gestion d'actifs sont considérables. Elles sont de l'ordre de 70 000 milliards de dollars et s'approcheraient bientôt de la centaine de milliers de milliards. Les ressources nécessaires existent donc. Il s'agit de les employer plus utilement, dans l'intérêt bien compris des épargnants eux-mêmes. Ainsi, la contribution de la finance privée (sous forme d'investissements directs, d'émissions d'obligations, d'apports d'investisseurs institutionnels, etc.) pourrait être décisive. Elle se met déjà en place, notamment dans les pays émergents d'Asie, avec tout ce qui s'y ajoute de transferts de *know-how*, de technologie et de gain de productivité et d'emploi. Elle se heurte encore dans des pays avancés – particulièrement en France – aux habitudes et aux rigidités du passé, aux suspicions qui accompagnent encore les investissements privés dans les secteurs d'intérêt collectif, alors que nous devrions systématiquement développer les partenariats public-privé. Il y a là un immense champ où le rôle d'une finance moderne est incontournable. On devrait se souvenir que l'épargne privée a apporté, au XIXe et au début du XXe siècle, les ressources nécessaires aux formidables investissements collectifs réalisés en Europe, et notamment dans le Paris haussmannien de cette époque.

Il faudra, pour déclencher cette mobilisation, beaucoup de savoir-faire, de persuasion et de détermination, tellement sont ancrés chez nous, à cet égard, les réserves idéologiques, la méfiance et le scepticisme. La finance peut déployer son savoir-faire pour rendre à l'épargne privée une mission dont elle n'aurait jamais dû être dessaisie. Les équipements collectifs des grandes conurbations du monde, l'électrification de l'Afrique, l'accès à l'eau potable et à son assainissement pour près de la moitié de l'humanité, toutes les infrastructures d'une économie verte – et tant d'autres objectifs essentiels – sont à ce prix.

Cela ne signifie nullement que des interventions publiques, provenant notamment des institutions financières internationales (Banque mondiale, banques régionales de développement, etc.), n'aient plus leur place, bien au contraire. Elles devront cependant modifier profondément leurs modalités d'action. Au lieu de se consacrer surtout – parfois en concurrence avec le secteur privé – à des prêts à long terme, au taux plus ou moins bonifié, qu'autorisent les ressources d'origine budgétaire mises à leur disposition par leurs gouvernements actionnaires, elles devraient s'attacher principalement à deux tâches qu'elles sont presque seules en mesure d'accomplir :

- l'octroi de garanties de montant et de durée variables pour déclencher le financement privé ou public-privé de grands investissements d'infrastructures ;
- la participation, par des subventions, à des projets d'importance essentielle, mais qui, par leur nature, doivent relever de subventions et non de ressources provenant des marchés (dépenses d'éducation, de santé, etc.).

Le rôle de ces institutions publiques ne devrait pas s'arrêter là. Malgré la limitation des ressources dont elles pourraient disposer, leur rôle de conseil technique et financier, la « catalyse » et la coordination des financements globaux demeureront essentiels. Avec leurs partenaires du secteur privé, elles auront aussi un rôle à jouer dans la mise en place et le développement des nouveaux instruments qui devraient être créés dans le cadre de la réforme du système monétaire et financier international : émission internationale en un droit de tirage spécial (DTS) rénové, création d'un marché privé pour celui-ci, etc.

Un autre domaine où l'inventivité des financiers contribuerait à résoudre un des problèmes les plus préoccupants du proche futur est celui du surplomb de surendettement public et privé, qui risque soit de paralyser bientôt l'économie mondiale, soit de provoquer crise sur crise. Tout le bruit fait récemment autour des observations de la Banque des règlements internationaux (BRI) sur la dette chinoise suffit à le rappeler. Ce champ reste ouvert à la réflexion et aux initiatives. Il y a lieu d'être attentif à des analyses comme celles que développe Andrew Sheng, Chief Adviser à la China Banking Regulatory Commission, proposant des voies ingénieuses pour capitaliser une partie de cet endettement. D'autres approches peuvent être imaginées, mais il faudra agir avant qu'il ne soit trop tard.

Bien d'autres tâches – peut-être moins spectaculaires, mais essentielles – pourraient être évoquées. Retenons-en deux :

– rendre universel l'accès aux services bancaires dans les pays en développement : l'utilisation à grande échelle des nouvelles technologies de l'information et de la communication (NTIC) à l'exemple de pays comme le Kenya – où l'immense majorité des gens ne bénéficiaient pas jusqu'ici de ces services – a déjà permis de très remarquables expériences ;

– le développement à beaucoup plus grande échelle de la microfinance. On ne saurait assez insister sur l'importance de cette magnifique invention de Muhammad Yunus. Que de fois avons-nous entendu des femmes, créatrices de leurs microentreprises grâce au microcrédit, dire qu'elles lui doivent la possibilité de nourrir leurs enfants ! Pour d'autres, il aura été la voie de la maîtrise de leur fécondité. Il rend aussi de grands services dans la perspective de politiques de désendettement domestique pour le développement de la micro-assurance, etc.

Si l'on ajoute à la mutation majeure que pourrait être ce changement de dimension des contributions de l'épargne privée, l'augmentation importante des transferts d'épargne des travailleurs émigrés et des progrès en cours du côté de l'accroissement des ressources fiscales dans un nombre significatif de pays en développement et émergents, on se rend compte que le bouclage de notre équation critique devient réalisable à condition que tous les acteurs, rendus conscients de l'immensité des enjeux, acceptent de mobiliser tous leurs moyens et de remettre en cause des modes d'intervention devenus inadaptés aux besoins d'aujourd'hui et de demain. S'il en est ainsi, Bertrand Badré aura eu raison d'adopter comme sous-titre de son récent ouvrage *Money honnie*[1] une simple question quelque peu provocante : « Et si la finance sauvait le monde ? »

À chacun, États, institutions, citoyens des pays confrontés à ces besoins et à tous les autres membres de la communauté humaine, de participer à cette formidable entreprise.

Réformer le système monétaire international

La crise de 2007-2008, si elle a été une crise éthique, a été tout autant une crise monétaire systémique. Elle a mis en évidence l'urgence de trouver des solutions à ce niveau, car la non-existence d'un véritable système monétaire international (SMI) a lourdement contribué à sa gravité et continuera de constituer une menace s'il ne lui est promptement porté remède.

Le travail est à peine esquissé à ce propos. On pourrait s'en étonner, vu l'importance de cette question.

1. Bertrand Badré, *Money honnie – Et si la finance sauvait le monde ?*, Débats publics, 6 octobre 2016.

En réalité, nous sommes ici en présence d'un de ces cas où, devant des problèmes difficiles qui ne peuvent être abordés qu'au niveau mondial, les principaux pays préfèrent les ignorer ou renvoyer leurs discussions. C'est déplorable, mais cela s'explique. Les principaux centres financiers du monde gardent une vive mémoire de l'extrême difficulté des débats, lorsqu'il s'est agi, à la suite de la dévaluation du dollar et de l'abandon du système créé à Bretton Woods, de mettre sur pied, au cours des années 1970, de nouveaux arrangements monétaires. Ils n'ont donc manifesté, depuis lors, aucun empressement à reprendre de telles discussions.

Comment en rester là aujourd'hui alors que, entretemps, le système fondé au lendemain de la Seconde Guerre mondiale sur la prééminence du dollar est en train de devenir multipolaire ? Alors aussi que les mouvements capricieux de liquidités internationales risquent de provoquer, à n'importe quel moment, une nouvelle crise mondiale, faute d'un contrôle central crédible. Une telle situation appelle d'urgence une révision du dispositif institutionnel mondial, centré sur la réforme du FMI.

Ces grandes questions ont occupé, plus ou moins informellement, divers groupes de travail au cours des années récentes. Ce fut notamment le cas de réunions d'anciens dirigeants monétaires du plus haut niveau, dont les travaux ont donné lieu à l'« Initiative du Palais-Royal »[1]. Ce Groupe a fourni au G20 un rapport jugé audacieux (mais probablement encore trop sage) portant principalement sur l'organisation du Fonds monétaire international, les nouvelles responsabilités à lui confier et la distribution du pouvoir en son sein. Malheureusement, la crise de la dette souveraine en Europe éclatant peu après a empêché qu'un travail en profondeur s'engage à ce moment-là. Il est urgent de le reprendre, car cette question demeure plus actuelle que jamais.

Examinons donc les deux volets de cet immense chantier :

– les perspectives de création d'un nouveau système apte à réguler la monnaie mondiale ;

– la transformation correspondante du FMI.

Vers la monnaie mondiale

Il est devenu commun de dire que nous vivons, depuis l'abandon du système créé à Bretton Woods

1. Le groupe que les regrettés Andrew Crockett (†), Alexandre Lamfalussy (†) et Tommaso Padoa-Schioppa (†) et moi avions réuni comprenait également Sergey Aleksashenko, Hamad Al Sayari, Jack T. Boorman, Guillermo de la Dehesa, Arminio Fraga, Toyoo Gyohten, Xiaolian Hu, André Icard, Horst Koehler, Guillermo Ortiz, Maria Ramos, Y. Venugopal Reddy, Edwin M. Truman et Paul A. Volcker.

en 1944, au sein d'un non-système monétaire international. Cette absence d'une régulation crédible de la création des liquidités mondiales engendre une situation de plus en plus dangereuse et politiquement inacceptable. Il est urgent d'y faire face avant qu'une nouvelle crise ne conduise à une dislocation aux conséquences incalculables. Cela appelle une réponse à trois questions essentielles :

1. Quels risques résultent aujourd'hui des conditions d'émission des liquidités mondiales ?
2. Posent-elles, en fait, la question de la création d'une monnaie mondiale ?
3. Quel serait, en ce cas, le rôle d'un Fonds monétaire international profondément réformé pour en assurer la régulation ?

Les nouvelles caractéristiques des liquidités mondiales

Cette évocation des « liquidités » mondiales ne doit pas intimider le lecteur. Il suffit de partir d'une idée simple : une économie en bon état de marche s'appuie sur un équilibre entre l'argent mis en circulation (les liquidités) et le niveau de la production. Si cet équilibre est rompu par une émission excessive de monnaie, il y a risque d'inflation. À l'inverse, une émission insuffisante peut provoquer la récession, car les économies nationales sont étroitement reliées par leurs échanges de toute nature. Cet équilibre doit être assuré au niveau mondial ; faute de quoi, inflation ou récession nées ici ou là peuvent se répandre comme traînée de poudre. Ce risque place le monde devant l'une des interrogations les plus lourdes des prochaines années. Pour y répondre, il est nécessaire d'abord de reconnaître la nature et les dynamismes de la liquidité mondiale dans sa double dimension : publique et privée.

La liquidité publique a été longtemps prédominante. Elle dépendait ultimement de la politique d'émission de dollars de la Réserve fédérale des États-Unis (Fed), liée aux variations du solde de la balance des paiements des États-Unis. En simplifiant quelque peu, on peut dire que, si celle-ci est en déficit, il y a une émission correspondante de dollars. Si elle est en surplus, la liquidité mondiale se contracte. Ce système est pervers, car il n'y a aucun équilibre préétabli entre les variations du solde de la balance des paiements américaine et les besoins de liquidités de l'économie mondiale. Or, la Fed, dans sa politique d'émission de liquidités, ne peut pas aller au-delà des dispositions de ses statuts qui l'obligent à régler sa politique d'émission sur les seuls besoins de l'économie américaine. C'est ce que l'économiste belge Robert Triffin a dénoncé comme un dilemme auquel son nom a été donné. Sa conclusion était que l'émission des liquidités mondiales ne peut être laissée entre les mains d'une seule banque centrale nationale, si puissante soit-elle. Ajoutons que, depuis les années 1960, le rôle de la Fed s'est considérablement amoindri par rapport au pouvoir décisif qui était le sien depuis les années 1950. La composante publique des liquidités mondiales, résultant de l'action des banques centrales, est en effet désormais d'un volume très inférieur à la « liquidité privée ». Celle-ci est créée par les opérations transfrontières des banques et des autres institutions financières, y compris les non-banques et le « système bancaire de l'ombre » qui se développe largement hors du champ de la surveillance officielle. Cette liquidité privée est une importante source d'instabilité potentielle, car son dynamisme propre amplifie les mouvements des marchés et, parfois, intensifie leurs déséquilibres. Nous sommes donc aujourd'hui confrontés, en matière de liquidités internationales, à deux immenses problèmes : celui – resté, hélas, sans solution depuis sa dénonciation au début des années 1960 par Triffin – de la souveraineté américaine sur le niveau des liquidités officielles, et celui – dont nous mesurons mieux l'importance aujourd'hui – du niveau capricieux des liquidités privées.

Pour répondre à ces risques, quelques lignes de défense ont été récemment mises en place pour faire face tant aux phases d'expansion trop rapide que de pénurie[1]. Ce dispositif est important ; il permet d'assurer en période normale un fonctionnement plus ordonné que celui que nous avons connu jusqu'ici. Peut-on le considérer comme suffisant ? Certainement pas ! La nervosité que nous observons dès qu'une variable financière s'écarte de son train ordinaire l'atteste. Les fluctuations dramatiques que nous avons connues aux premiers jours de la crise de 2008 – où l'on a vu le flux des liquidités s'assécher soudainement au risque d'étouffer l'économie mondiale – l'ont bien démontré. En l'absence d'autres instruments de réglage, on est conduit à s'interroger sur la contribution qui pourrait être apportée à cette régulation des liquidités par la quasi-monnaie du FMI, le DTS, s'il était géré collectivement à cette fin dans le cadre d'un Fonds profondément réformé.

C'est en effet pour répondre à cette préoccupation que le droit de tirage spécial (DTS) – cet étrange instrument si mal nommé – a été créé à la fin des années 1960, à l'issue des discussions passionnées qui ont suivi la mise en cause par le général de Gaulle du « privilège exorbitant du dollar ». Cet avantage résultait

1. Pour l'essentiel, il s'agit d'un ensemble de règles destiné à renforcer la résilience du système d'intermédiation financière globale : politiques monétaires domestiques, niveau des réserves de change, mise à la disposition enfin de liquidités en temps de crise à travers les facilités ouvertes par le FMI et les accords de swap entre banques centrales.

à ses yeux du fait que, seuls émetteurs de la monnaie mondiale, les États-Unis étaient seuls en mesure de financer sans peine leurs investissements à l'étranger, par recours à l'émission monétaire. Au terme d'intenses débats, il fut alors décidé que pour faire face, en particulier au risque de pénurie de dollars, le FMI pourrait périodiquement « allouer » à ses membres des DTS qui viendraient abonder leur réserve de change. Leur valeur serait déterminée par celle d'un paquet des principales monnaies. Le FMI a procédé alors à de premières allocations de montants modérés.

Avec le changement de la conjoncture mondiale et le développement des marchés des eurodevises, le besoin d'émissions n'a plus été reconnu et l'objectif inscrit dans les statuts du FMI de faire de cet instrument le « principal actif de réserve » du FMI a été oublié. Le DTS a pourtant montré clairement son utilité lorsque, au plus fort de la crise de 2008, une allocation portant le total des DTS aux environs de 250 milliards de dollars en 2009 a été décidée, illustrant ainsi le rôle qu'il pourrait exercer au service du bien public global de la stabilité monétaire et financière, dans un monde multipolaire. En élargissant, en 2016, son panier de monnaies – limité jusqu'ici au dollar, à l'euro, au yen et à la livre – à la monnaie chinoise (le renminbi), les gouverneurs du Fonds monétaire international ont manifesté à nouveau un certain intérêt pour cet instrument, alors que certains d'entre eux à la fin des années 1990 suggéraient tout simplement de l'abandonner.

La planète a-t-elle besoin d'une monnaie mondiale ?

Le monde monétaire multipolaire qui se met en place et dans lequel nous vivrons dans les prochaines années est radicalement neuf, il deviendra de droit ou de fait multipolaire. Tout porte à penser que la Chine et l'Inde devenant deux de ses acteurs les plus importants ne s'accommoderont plus d'un réglage de la liquidité globale si essentielle pour d'aussi grandes économies, au hasard des fluctuations de la balance des paiements des États-Unis et des mouvements erratiques des flux de capitaux privés. Il est donc urgent de se demander comment construire un nouveau système monétaire et financier adapté à ce nouveau contexte.

En divers lieux – en Chine notamment, mais aussi en Europe –, à l'initiative de la Fondation internationale Triffin (FIT), des réflexions approfondies sont conduites sur cette question. Beaucoup convergent autour de ce qui devrait être dans l'avenir le rôle du droit de tirage spécial, pour la régulation de la liquidité mondiale. Le Fonds monétaire international, en émettant cette monnaie en cas de pénurie de liquidités ou en en retirant de la circulation en cas de surabondance, pourrait ainsi jouer sur le plan mondial le rôle de pompe aspirante et foulante de liquidités, dévolu aux banques centrales nationales. Nous ne serions plus très loin de la réalisation du rêve visionnaire de Keynes, qui écrivait dans son *Traité sur la monnaie* de 1930 : « Le système idéal consisterait sûrement dans la fondation d'une banque supranationale qui aurait avec les banques centrales nationales des relations semblables à celles qui existent entre chaque banque centrale et ses banques subordonnées. »

Au fil du temps, le nouveau DTS deviendrait, comme prévu à l'article VIII des statuts du Fonds monétaire international, le principal actif de réserves mondial. Le nouveau Fonds monétaire, habilité à émettre et à gérer, en étroite concertation avec les banques centrales, la monnaie du monde, serait ainsi en mesure d'assurer la régulation de la liquidité globale et la diversification ordonnée des actifs de réserve ; il faciliterait enfin la normalisation du niveau des réserves de change des banques centrales nationales. Le monde se trouverait ainsi mieux protégé contre des développements imprévus et la stabilité du système serait mieux assurée.

Quelques autres réformes devront avoir été adoptées entre-temps :

– la réforme de l'absurde système actuel de création et d'allocation de DTS qui consiste à allouer les nouveaux DTS en proportion de la taille des quotas des pays, ce qui aboutit à les attribuer principalement aux pays qui en ont le moins besoin ;

– la reconnaissance explicite de leur statut de monnaie commune internationale ;

– et, au passage, le changement de leur nom pour qu'il soit partout clairement synonyme de « monnaie du monde »[1].

Évoquer de telles perspectives peut sembler relever du temps long. La rapidité des évolutions monétaires conduit cependant à penser qu'il serait sage de préparer, voire d'entreprendre, ces réformes sans attendre et avant qu'une nouvelle crise nous y contraigne. Dans cet esprit, il serait pertinent de discuter de manière approfondie les suggestions du gouverneur de la Banque populaire de Chine, Zhou Xiaochuan, consistant à confier au Fonds monétaire international la gestion d'une part sensiblement plus importante des réserves de change de ses pays membres afin, selon ses propres mots, « de renforcer la capacité de la communauté internationale à faire face à une crise et à maintenir la stabilité du système monétaire et financier international, tout en

1. Je suggérerais volontiers de lancer à ce propos une consultation parmi les étudiants en économie internationale des grandes universités mondiales pour trouver une dénomination universellement acceptable et si possible attrayante de la nouvelle monnaie. Pourront-ils être aussi bien inspirés que ceux qui, en leur temps, ont su nommer le florin, le sol ou le franc ?

renforçant de façon significative le rôle du DTS ». De premières mesures concrètes pour engager le processus pourraient être proposées. Leurs chances d'être adoptées dépendront notamment de la solidité du consensus de la zone euro en la matière. Si tel était le cas, on pourrait, après une préparation élargie aux principaux acteurs, convoquer une conférence de Bretton Woods II dont l'objet serait d'adapter les statuts du FMI à ces nouvelles responsabilités. Parmi ces mesures, une présence plus active de la communauté des banques centrales au sein du FMI se justifierait. Pour tenir compte de l'importance d'un suivi plus étroit des liquidités mondiales et de leur éventuelle régulation, tous les six mois et sur la base d'un rapport établi par un groupe de gouverneurs de banques centrales (ceux, par exemple, dont les monnaies feraient partie du panier des monnaies du DTS), le FMI fournirait au G20 son appréciation sur le niveau de la liquidité globale et ses recommandations sur les mesures à prendre pour assurer la meilleure évolution possible de l'économie mondiale. Cette gestion coopérative des liquidités faciliterait une solution progressive du redoutable problème de surliquidité mondiale créé par les politiques de *quantitative easing*, instaurées aux États-Unis et en Europe pour faire face à la crise de 2008. Alors que de longues négociations seront nécessaires pour créer la monnaie mondiale, il n'y a aucune raison d'attendre plus longtemps – et évidemment pas 2050 – pour mettre en place et au travail ce groupe de gouverneurs.

Si l'Europe se montre déterminée à s'engager sur cette voie, elle trouvera probablement un large soutien à travers le monde pour lancer ces négociations et elle contribuera à ouvrir des perspectives de succès crédibles à la grande conférence monétaire mondiale – ce Bretton Woods II – qui devra se tenir, espérons-le, dans un avenir pas trop lointain. Ce sera pour l'Europe une occasion à ne pas manquer de prouver à la communauté mondiale – et de se prouver à elle-même – qu'elle conserve une pleine capacité d'initiative sur les terrains où se joue l'avenir du monde. L'un d'entre eux est évidemment une réforme profonde du FMI lui-même pour l'habiliter à exercer en toute légitimité les responsabilités conférées par cette réforme.

Transformer le Fonds monétaire international

La première conclusion de l'Initiative du Palais-Royal était limpide : il est essentiel de mettre en place maintenant une gouvernance plus étroitement coopérative du FMI, pour garantir la discipline et la stabilité monétaire nécessaires à une croissance soutenable et créatrice d'emplois. Pour y parvenir, le Groupe a formulé trois suggestions principales :

– mieux fonder sa légitimité et sa gouvernance ;

– doter le Fonds monétaire international des moyens de surveillance radicalement nouveaux s'appliquant, par priorité, aux pays en mesure d'exercer sur le monde une influence systémique ;

– renforcer le Fonds dans ses instruments et ses moyens d'intervention.

Mieux fonder sa légitimité et renforcer sa gouvernance

La réforme suggérée du système monétaire international conduirait à donner au Fonds de très grands pouvoirs, alors qu'il passe déjà pour une des institutions les plus puissantes de la constellation des Nations unies. Cela n'ira donc pas de soi. Pourtant, de tels changements sont nécessaires. Ils seront plus acceptables si, simultanément, le politique prend dans cette institution toute la place qui lui revient, lui assurant ainsi une légitimité incontestable. L'Initiative du Palais-Royal a proposé pour cela de mettre en œuvre sans tarder quelques mesures qui, toutes, devraient concourir à combler ce « vide politique » des institutions internationales que Michel Albert diagnostiquait si bien :

– il s'agit de s'assurer d'abord que chaque pays s'y trouve convenablement représenté. Cela suppose que les parts de capital – les quotes-parts – soient exactement ajustées à l'importance réelle de chacun. Des changements importants ont été adoptés à l'occasion d'une réunion du G20 à Séoul en 2010. Ils prévoyaient en particulier le doublement du capital du FMI (porté à 476 milliards de DTS, soit environ 755 milliards de dollars) et la redistribution des quotes-parts entre les pays actionnaires pour accroître la part des pays émergents de 6 %. Ils prévoyaient aussi la modification de la composition du conseil d'administration pour augmenter de deux sièges la part des pays émergents en réduisant celle de l'Europe surreprésentée. Cette réforme a dû attendre six ans sa ratification par le Congrès américain. Cette négligence américaine est grave ; elle augure évidemment mal de la suite des travaux qu'il faudra reprendre bientôt, si nous ne voulons pas qu'une nouvelle crise nous l'impose ;

– il importe de corriger ensuite le caractère trop technocratique de cette institution où, par paradoxe, les hauts fonctionnaires siégeant au conseil d'administration ont le pouvoir de décision, alors que les ministres et les gouverneurs membres de l'instance suprême, le Comité monétaire et financier international, n'interviennent que pour avis. Cette réforme pourrait être aisément réalisée puisqu'il suffirait de mettre en œuvre une disposition approuvée lors des accords de la Jamaïque en 1976 et consistant à établir un « collège » composé des ministres des Finances et des gouverneurs des banques centrales des vingt-quatre pays siégeant à son conseil ; ce collège disposerait, désormais, du pouvoir décisionnaire ; le conseil d'administration, hautement qualifié, en préparerait les ordres du jour et les décisions. Il ne reste donc aujourd'hui qu'à fixer la date d'effet de cette disposition toujours renvoyée aux calendes grecques. Cette réforme présenterait l'avantage de situer au niveau politique, et non plus technique, les responsabilités lorsque des décisions stratégiques doivent être prises ; elle assurerait une meilleure représentation des banques centrales et affirmerait le caractère démocratique de la gestion du Fonds ;

– dans le même souci, le Groupe du Palais-Royal a proposé de restreindre très sensiblement le pouvoir de veto américain et européen en exigeant, pour les décisions les plus importantes, une majorité réduite à 70 ou 75 %, au lieu de 85 % aujourd'hui[1] ;

– disposition plus fondamentale encore, il est essentiel que le G20 – qui se voit reconnaître de plus en plus un rôle d'orientation de l'ensemble des institutions économiques et financières mondiales – se dote aussi

1. Jusqu'ici, la majorité requise de 85 % conférait aux Américains (qui ont une quote-part de 17,69 %) et aux Européens (lorsqu'ils ont une position commune) le privilège d'un pouvoir de veto peu acceptable aujourd'hui.

d'une représentation universelle. Seule, elle peut garantir sa légitimité et le mettre en mesure d'adopter des orientations, voire des régulations, d'application universelle. Nous reviendrons sur ce point au chapitre suivant ;

– il faut aussi assurer une coordination étroite entre le Fonds monétaire international ainsi modernisé et les organisations monétaires régionales qui se mettent actuellement en place et vont certainement constituer une des caractéristiques du système des prochaines décennies ;

– il faut, enfin, revoir les modalités archaïques de désignation des dirigeants du Fonds monétaire international et de la Banque mondiale, et les ouvrir à un choix véritablement démocratique et universel. Des progrès importants ont été accomplis en ce sens par le Fonds monétaire international. Le travail reste à faire à la Banque mondiale, dont la désignation du président demeure encore, de fait, entre les mains du président des États-Unis.

Une nouvelle surveillance au service du développement durable

La surveillance des politiques économiques de ses membres est une tâche centrale du Fonds monétaire international. Elle porte cependant une tare congénitale : elle parvient à s'exercer fermement sur les pays qui ont recours à ses financements, mais les pays en situation de paiements extérieurs excédentaires ou dont l'influence est systémique se permettent trop souvent de l'ignorer. L'inverse devrait prévaloir. S'exerçant par priorité et avec une particulière attention sur ces quelques grands pays, cette nouvelle surveillance devrait se montrer particulièrement stricte à leur égard et être reconnue comme d'une équité indiscutable dans son traitement de l'ensemble des pays. On inverserait ainsi l'ordre qui a prévalu jusqu'ici, en s'appuyant sur un nouveau régime d'incitations et de sanctions. L'efficacité du FMI au service de la stabilité globale y gagnerait beaucoup.

Renforcer les instruments et les moyens du Fonds monétaire international

Pour mettre le Fonds en mesure de répondre aux problèmes d'aujourd'hui et de demain, et non plus à ceux des lendemains de la Seconde Guerre mondiale, trois autres réformes devraient être adoptées en priorité :

– étendre d'abord son mandat, limité aujourd'hui au contrôle des transactions courantes, à toute la sphère financière puisque nous vivons désormais dans un monde où les transactions financières dépassent largement, par leur volume et les risques qu'elles entraînent, les flux monétaires liés aux fluctuations des soldes des balances courantes. Cette réforme devrait aller de soi dans un monde intensément financiarisé et où les distinctions entre balances courantes et balances des capitaux ne font plus grand sens ;

– décider de reconnaître en droit ce qui existe déjà en fait : le statut de prêteur en dernier ressort du FMI, appuyé sur l'utilisation du DTS. Les pays menacés par des fluctuations aberrantes des mouvements de capitaux pourront ainsi se sentir mieux protégés et éviter d'être réduits pour s'en prémunir à des accumulations excessives et improductives de réserves de change comme ils le font aujourd'hui ;

– accroître enfin le volume des ressources mises à sa disposition, car leur taille actuelle est trop limitée par rapport aux sommes qu'il aurait à mobiliser si plusieurs pays de grande taille venaient à se trouver en difficulté.

Ainsi profondément renouvelé, devenu une institution autant financière que monétaire et réellement démocratique et universelle, le FMI disposera des instruments indispensables à l'exercice des responsabilités qui lui seraient conférées dans le cadre de la réforme fondamentale du système monétaire international.

Les Européens doivent donc se saisir à nouveau de cette grande affaire, car la stabilité de l'économie mondiale, cet élément essentiel du bien commun universel, est ici en jeu. Répétons-le : en dehors de ces réformes, le monde risque de continuer à aller de crise en crise. Il faut donc, contre vents et marées, plaider pour elles[1]. La réforme du système monétaire international n'a certes jamais enflammé l'imagination des foules, mais ne nous y trompons pas. Comme l'a si bien dit ce grand humaniste que fut Robert Triffin, elle est une étape essentielle « de la grande marche de l'humanité vers son unité et un meilleur contrôle de son destin ».

1. Au moment où je corrige les épreuves de ce livre, j'apprends que les Ministres des finances et les gouverneurs des Banques centrales du Groupe des 20 viennent de constituer un groupe de « Personnalités éminentes » dont la première mission sera « d'étudier les défis et les opportunités présents et futurs auxquels les systèmes monétaire et financier internationaux devront faire face, ainsi que l'état actuel de l'architecture et de de la gouvernance financières globales ». Comment ne pas lui souhaiter bon vent ?

Une nouvelle gouvernance pour un monde multipolaire

En juin 2011, Pascal Lamy, alors directeur général de l'Organisation mondiale du commerce (OMC), affirmait qu'un des principaux problèmes du moment était « une insuffisante gouvernance de la mondialisation financière ; nos institutions, nos politiques et nos mentalités ne sont pas encore à la hauteur du monde interconnecté et intégré que nous avons créé ». Le diagnostic ne pouvait être plus juste, tant en matière politique qu'économique et financière.

Bien évidemment, le problème se pose à tous les niveaux des sociétés mondiales, et d'abord à l'échelon de la nation, comme l'attestent en beaucoup de pays les débats actuels sur les modalités d'un renouveau démocratique. On s'en tiendra ici au niveau de la gouvernance mondiale. La construction échafaudée en 1945 par les vainqueurs de la Seconde Guerre mondiale est en effet, aujourd'hui, profondément remise en cause. Elle appelle, elle aussi, un renouveau démocratique.

Vers un nouveau G20

Nous le savons, les changements intervenus au cours des dernières décennies dans l'économie mondiale ont été stupéfiants. Ils se sont traduits par la saisissante percée des économies émergentes. Dès 2015, l'ordre ancien s'est trouvé renversé : les PED ont atteint 55 % du PIB mondial, alors que le G7 reculait à 32 %. Cette « hypertendance » se poursuivra inexorablement.

Faut-il le rappeler, vers 2050 les économies émergentes représenteront autour de 70 % du produit global et l'ancien G7, guère plus de 20 %. Ce dernier a donc déjà amplement perdu sa position hégémonique. Le poids relatif des pays émergents et en développement encore très pauvrement reflété dans le système actuel de gouvernance mondiale devrait, de toute évidence, continuer à s'affirmer. Il y a là une conséquence inéluctable du fait que la croissance, l'épargne, l'investissement et le commerce mondiaux se concentrent de plus en plus dans ces derniers pays. Avec ce glissement tectonique vers l'Asie des centres de puissance économique, nous ne pouvons différer davantage la réorganisation des institutions de gouvernance mondiale. Elle est d'autant plus nécessaire et difficile que nous traversons simultanément une période de remise en question de quelques piliers de l'organisation multilatérale du monde : nous venons de connaître successivement, en effet, l'échec du cycle de Doha à l'OMC, la paralysie des Nations unies devant les crises du Moyen-Orient, la remise en cause de l'Union européenne par le Brexit, les discours d'intransigeance nationaliste du président Trump, etc.

On pourrait épiloguer longuement sur cette crise du multilatéralisme et sur les responsabilités qui en incombent aux gouvernements ou à ces institutions elles-mêmes. En réalité, son origine profonde se trouve dans le fait que, face aux mutations du monde, les gouvernements confient aux institutions de plus en plus de responsabilités sans accroître leurs moyens pour les assumer. Plus grave encore, alors que des décisions majeures doivent y être prises, le politique y reste beaucoup trop absent. Michel Albert le disait parfaitement : « L'espace mondial est politiquement vide ou presque… » Les principaux dirigeants du monde élargissent trop rarement leur regard à la dimension universelle des problèmes. Par d'heureuses initiatives, la représentation de la société civile s'est, elle, peu à peu améliorée. Elle ne peut remplacer cependant les représentants élus des peuples ; c'est la tâche des politiques.

Le politique – dont, hélas, nous avons dû reconnaître l'actuelle déliquescence –, doit se reprendre et se redimensionner partout. Sa présence dans les institutions mondiales ne peut rester épisodique ou purement formelle. La compétence des technocrates ne peut y suffire ; ce vide doit être comblé. Toute proposition de réforme devra être jugée à cette aune : contribue-t-elle à mieux associer des responsables politiques aux travaux de ces institutions, à les amener à assumer les décisions essentielles et la responsabilité de leur mise en œuvre, pour ingrate qu'elle soit ?

Il nous faut répondre aussi à une grande peur de notre temps : la globalisation des marchés et la puissance des entreprises et des banques multinationales créent un déséquilibre de plus en plus évident entre celles-ci et les États. Toute régulation raisonnable adoptée dans le cadre national risque d'être tournée : il n'y a donc souvent de réponse que dans l'universalisation des règles de droit. Le monde se fait un ; la démocratie et ses règles doivent suivre, et des institutions suffisamment fortes et légitimes doivent être mises en place, au niveau régional ou mondial, pour les adopter et leur donner force de loi.

Les choses ont commencé à changer. Avec la dernière crise, le G20 a été établi dans une position de *leadership* pour la définition des stratégies mondiales. Alors que, jusque-là, le G8 des pays avancés occupait cette place, le G20, riche d'une importante représentation de pays émergents (Chine, Inde, Indonésie, Brésil, Afrique du Sud, Mexique, Argentine et Australie), est désormais aux commandes. Son statut informel limite cependant son efficacité réformatrice.

Pour que les changements nécessaires se mettent en place, quel renforcement faudrait-il lui apporter ?

L'Emerging Markets Forum (EMF) a eu la chance de bénéficier, dans ses travaux, des suggestions de deux hommes d'une exceptionnelle expérience : Jack Boorman, longtemps chargé des stratégies du FMI, et Montek Singh Ahluwalia, responsable de la commission du plan de l'Inde et ancien sherpa du Premier ministre Manmohan Singh. Leurs suggestions reprises ci-dessous – et que je partage – devraient être mises en discussion rapidement. Le monde doit se doter très vite d'une gouvernance profondément renouvelée, permettant l'adoption de réformes essentielles.

Cela impose de revoir la structure du G20, sa taille, sa composition et ses procédures, notamment pour garantir une représentation équitable de tous les pays dans les instances d'élaboration et de mise en œuvre des stratégies mondiales, alors qu'aujourd'hui il ne représente légitimement que ses seuls membres : un groupe de pays important, mais dont le nombre reste limité et au sein duquel les plus pauvres sont absents.

Ce dernier problème pourrait être résolu par l'instauration, pour désigner les pays siégeant au G20, d'un système de circonscriptions régionales analogue à celui qui a bien servi jusqu'ici les institutions de Bretton Woods. Il suffirait pour cela d'inviter les pays à se regrouper régionalement, de telle sorte que chacun d'entre eux ait périodiquement, par rotation, l'occasion de siéger au sein de cette instance suprême. On ne saurait assez insister sur ce point : le monde a aujourd'hui un besoin manifeste de régulations globales. Seule une instance où chaque pays se sentirait légitimement représenté pourrait les adopter. En son absence, on devrait se contenter d'orientations non contraignantes, de codes de bonne conduite, dont on mesure mieux aujourd'hui l'insuffisance. Ces nouvelles modalités de représentation auraient l'avantage de faciliter l'adaptation permanente de la composition du G20 à l'évolution du poids respectif des grandes économies mondiales, en réduisant les obstacles politiques qui pourraient autrement s'y opposer. Si l'on considère l'évolution de la taille des pays d'ici à 2050, on peut observer que quatre des actuels membres du G20 (Argentine, Australie, Italie et Afrique du Sud) pourraient y perdre leur siège, si l'on s'en tenait à un système de représentation exclusivement déterminé par le PIB des pays. Ils seraient en ce cas remplacés à cette date par le Nigeria, le Vietnam, le Pakistan, l'Égypte et la Thaïlande. Le siège canadien lui-même serait menacé !

Si l'on se réfère à la composition de groupes plus restreints tels que le G7 ou le G8, qui ont toujours tendance à se considérer comme des directoires du monde, on peut s'attendre à ce que la France (dont le PIB n'atteindrait plus en 2050 que 1,44 % du PIB mondial, contre 2,3 % en 2016) n'y ait plus sa place, en dehors d'une représentation commune de l'Union européenne. Une telle perspective souligne l'extrême importance de nouveaux progrès vers la construction d'une Europe politique. Elle seule permettrait à la France – qui a toujours été aux avant-postes de la gouvernance mondiale – de continuer à faire entendre sa voix au niveau le plus élevé.

Il est suggéré aussi de limiter le nombre des réunions tenues au niveau des chefs d'État et de les faire exclusivement porter sur des questions stratégiques majeures. On réserverait ainsi plus de place pour des échanges véritables entre eux, au lieu de leur faire perdre trop de temps à déplacer des virgules sur de longs communiqués préparés par leurs « sherpas ».

Un G20 rénové pourrait s'attacher aussi à instaurer un mécanisme de résolution des problèmes de dettes souveraines. Comme la crise grecque l'a montré, un tel instrument continue à faire tragiquement défaut, en dépit de diverses propositions faites depuis longtemps par le FMI. Le nouveau G20 devrait, enfin, prendre des premières mesures dans la perspective – fût-elle lointaine – de la conférence Bretton Woods II évoquée au chapitre précédent.

Restructuré et renforcé dans sa légitimité, le G20 pourrait se voir confier, au service du bien commun universel, des pouvoirs de coordination plus étendus et plus précis que ceux dont ont disposé divers « G » (G5, G7, G8) qui l'ont précédé. Rares ont été les circonstances au cours des dernières décennies où certains pays ont accepté, au sein de ces groupes, de modifier leurs politiques économiques pour tenir compte de l'intérêt général de l'économie mondiale. Ces groupes se sont contentés, en général, de concertations peu contraignantes suffisantes pour leur permettre d'adresser aux marchés, dans un langage convenu, les conclusions de leurs analyses des évolutions en cours. En certains cas, le langage se faisait plus ferme, signifiant qu'une dévaluation ou une appréciation supplémentaire de telle ou telle monnaie n'était pas souhaitable. Les marchés, en général, en tenaient compte. Cela, aujourd'hui, ne peut suffire.

Les problèmes prennent de plus en plus souvent une dimension systémique. Le bien commun exige des gouvernements – réunis au sein des institutions multilatérales – de reconnaître que leur propre intérêt peut impliquer des concessions importantes à l'intérêt collectif. Cela devrait amener les pays avancés à accepter des modalités de coordination sensiblement plus étroites pour plus de stabilité et pour permettre l'accélération du développement des pays les plus pauvres. Il doit en être de même pour tous ces « global commons », tous ces domaines dont la gouvernance multilatérale sera nécessaire au bien commun mondial. Le domaine des négociations commerciales, des transferts de technologie ou du financement des investissements sera un espace privilégié de ces efforts pour une meilleure répartition des richesses de la planète. Seul un G20 réellement universalisé pourrait conduire cette indispensable entreprise collective.

Le G20, enfin, devrait aussi être le lieu où, avant qu'il ne soit trop tard, une réflexion soit menée sur la compatibilité du rythme de croissance de l'économie mondiale avec la qualité des conditions de vie humaine et la préservation de l'environnement. La finitude des ressources disponibles pourra, bien avant 2050, donner lieu à des situations de graves tensions que les mécanismes du marché ne pourraient suffire à dénouer. En ce cas, et pour éviter des dérives dangereuses, des solutions devront être recherchées en commun, subordonnant la croissance à un développement humain et écologique meilleur. La communauté mondiale tout entière porte la responsabilité de transmettre aux générations suivantes un monde préservé, au-delà des atteintes irrémédiables qu'il a déjà subies. Plus la prospérité collective s'accroîtra, plus cette exigence se fera pressante et requerra des instruments de gouvernance mondiale capables d'y répondre.

L'expérience inégale des dernières décennies nous oblige à l'ajouter : les institutions ainsi mises en place devront faire preuve d'un respect scrupuleux du principe de subsidiarité et se contenter de n'agir qu'en dernier recours, tout en se tenant prêtes à adopter en cas de vide juridique des règles de portée universelle. Ce pourrait être aujourd'hui, par exemple, le cas d'une règle imposant aux entreprises multinationales l'obligation de prévenir les atteintes graves aux libertés fondamentales, à la santé et à la sécurité des personnes, ainsi qu'à l'environnement par leurs filiales, sous-traitants ou fournisseurs à l'étranger.

Réformer les Nations unies

Le seul énoncé de cette ambition risque de susciter, elle aussi, une réaction immédiate : « Illusion ! tâche impossible ! » C'est confondre trop souvent l'institution et son instance faîtière, le Conseil de sécurité. La difficulté même de sa réforme : le blocage trop fréquent des négociations à son niveau ne devrait pas occulter les avancées possibles à d'autres échelons, telles que les autres institutions du système (FAO, Unesco, OMS, etc.) ou lors des grandes conférences internationales organisées périodiquement. Ces succès peuvent sembler tenir du miracle, tellement il est difficile de trouver des solutions à des problèmes mondiaux. Tellement, aussi, le principe de souveraineté nationale est défendu avec intransigeance par tous les États – notamment par ceux qui viennent de la recouvrer ou de la conquérir. L'expérience historique de l'Europe ne doit pas faire illusion : elle est l'exception – que l'on voudrait exemplaire – au principe prétendument absolu de la souveraineté nationale. Il est donc remarquable que de grands accords finissent par être obtenus, grâce à l'expérience et au savoir-faire de ces institutions. Elles sont des espaces privilégiés de coopération. Il y a donc tout lieu de continuer à y avoir recours.

Même si la fréquence des crises dans la vie internationale révèle la fragilité des consensus entre les nations, il existe des raisons légitimes d'espérer que le dialogue et la coopération l'emporteront souvent. Deux grands accords conclus par la communauté internationale en 2015 le prouvent. Nous avons déjà évoqué l'agenda 2030 et ses dix-sept objectifs pour le développement durable adoptés en septembre 2015. Un tel texte soumis à l'approbation de 193 pays ne pouvait être qu'un compromis imparfait. Il n'en demeure pas moins précieux, dans la mesure où il reconnaît l'éradication (et pas seulement la réduction) de l'extrême pauvreté comme moralement obligatoire et techniquement possible. En décembre de la même année, la COP 21 est parvenue à un consensus sur la nécessité et la manière de limiter le réchauffement planétaire à deux degrés Celsius. Ces accords innovent sous deux autres aspects : pour la première fois, ils soulignent que l'éradication de la pauvreté et la croissance économique ne doivent pas se faire au détriment de la conservation de notre planète. Pour la première fois aussi, ils mobilisent avec la même force et invitent à des changements radicaux tous les pays industrialisés, émergents et en voie de développement.

On peut donc voir dans ces deux accords de 2015 de grands succès d'une coopération internationale que beaucoup déclaraient moribonde. Entraîneront-ils de réels progrès pour la vie des personnes et la protection de la planète ? Tout dépendra de la volonté et de l'ambition des gouvernements à joindre le geste à la parole.

Il reste que ces deux accords pourraient être le point de départ de l'émergence d'un renouveau dans la politique internationale. Ils reflètent un sentiment vivace d'interdépendance, d'intérêt commun et de responsabilité mutuelle. Sur cette base, un nouveau paradigme pourrait s'instaurer : celui d'un partenariat mondial particulièrement nécessaire au monde qui prend forme devant nous.

Ces accords de 2015 nous offrent trois raisons de croire que ce nouveau paradigme, fondé sur la compréhension interculturelle, peut se transformer en réalité : la participation, d'abord, d'une société civile active, reflétant une immense diversité de cultures et gage de leur acceptabilité par l'opinion universelle ; l'adoption, aussi, de mesures de surveillance et de responsabilité mutuelle, qui rendent moins probable l'oubli par les gouvernements de leurs promesses ; enfin, la démonstration faite par l'ONU de sa capacité d'agir. Elle reste le seul forum où les décisions peuvent être prises avec une portée et une légitimité mondiales. Elle est le lieu où doit s'élucider le bien commun universel et où la paix doit être à tout prix préservée. Réformer l'ONU pour qu'elle soit plus efficace et la renforcer est donc une tâche essentielle pour rendre le monde de 2050 plus sûr et plus humain que le nôtre.

Les paroles de Dag Hammarskjöld, qui ont si profondément marqué de leur empreinte les débuts de l'institution, restent toujours vraies aujourd'hui :

« Pour changer le monde, nous devons l'affronter tel qu'il est. Ceux qui n'adhèrent pas aux principes de base de l'interdépendance internationale se trompent. Se trompent aussi ceux qui laissent les défaites les ramener à un nationalisme étroit. Se trompent enfin ceux qui, effrayés par une défaite, désespèrent de l'avenir. Pour tous ceux-là, les sombres prophéties peuvent se justifier. Ce n'est nullement le cas pour ceux qui refusent de céder à la peur, pour eux-mêmes et pour l'organisation, cet instrument à leur disposition dans la lutte, cet instrument qui peut être détruit, mais qui en ce cas devrait être – et serait certainement – recréé encore et encore[1]. »

---

1. Discours pendant un déjeuner de l'Association des journalistes des Nations unies, New York, juillet 1953.

C'est sous la forme, donc, d'un partenariat entre ses membres que l'ONU est invitée à se recréer aujourd'hui. La Conférence des Nations unies sur « Finances et développement » à Monterrey en 2002 l'avait déjà reconnu pour servir de nouveau cadre, notamment aux relations entre pays avancés et pays en développement.

Que doit apporter la substitution d'une culture de partenariat aux formes antérieures d'assistance pratiquées, sans succès convaincant, pendant des décennies ? Une mutation majeure. Le partenariat est dialogue d'égaux. Il implique que les partenaires, dans ce dialogue, arrêtent eux-mêmes leurs propres choix et leurs priorités. Il repose sur la totale franchise de part et d'autre, et sur l'acceptation du regard critique des autres sur nos politiques à leur égard. Il se fonde sur un profond respect de leurs exigences éthiques, de leur culture, de leurs traditions, y compris dans l'organisation de la vie collective ; il offre un cadre dans lequel chacun se sent invité à faire appel aux savoirs parfois ignorés des autres, pour trouver des solutions aux problèmes nouveaux. Il implique que nul ne se défausse de sa responsabilité sur les autres. Il est acceptation d'un cheminement ensemble sur de nouveaux chemins d'humanité, avec tout ce que cela suppose d'attention au rythme d'avancée de l'autre… Le partenariat, enfin, ne doit plus recouvrir seulement les relations d'État à État. Il est multidimensionnel et, depuis Monterrey, il veut s'étendre aux entreprises, aux institutions financières et à la société civile.

Une application particulière de cette approche a été tentée dans le cadre du NEPAD entre le G8 et l'Afrique : ce sigle anglo-saxon désigne le « nouveau partenariat pour le développement économique de l'Afrique ». Il s'agissait, pour la première fois dans l'histoire, d'une offre de partenariat des pays d'Afrique au G8 lors du Sommet du G8 à Gênes en 2001. Les Huit l'ont accepté. Hélas, ni les Africains ni les G8 – à l'exception de quelques premières initiatives et de la création d'un dispositif africain de surveillance mutuelle – ne se sont attachés à en tirer toutes les conséquences. On ne peut laisser galvauder une approche aussi prometteuse. Il faut aujourd'hui réinventer ce partenariat et, de part et d'autre, accepter lucidement toutes ses exigences.

La création d'une organisation mondiale de l'environnement digne de ce nom a longtemps divisé le G7, puis le G20. Même si les positions du président Trump font peser le plus grand doute sur le futur des travaux concernant le réchauffement climatique, les difficultés que rencontre la mise en œuvre des orientations de la COP 21 invitent à rouvrir les réflexions sur la nécessité d'une telle organisation.

Reste à évoquer, enfin, les deux grandes questions auxquelles il a été jusqu'ici impossible de trouver une solution et qui devront probablement attendre l'heure

– imprévisible aujourd'hui – d'un grand arrangement à l'échelle mondiale : la réforme de la composition du Conseil de sécurité et celle de ce droit anachronique de veto des cinq vainqueurs de la Seconde Guerre mondiale.

L'élargissement du Conseil de sécurité fait d'ores et déjà l'objet d'un accord de principe qui devrait porter sa composition de 15 à 24 membres, dont 5 membres permanents supplémentaires et 4 non permanents. Le choix, certes cornélien, de ces neuf nouveaux membres est dans l'impasse.

Le Royaume-Uni et la France soutiennent cette réforme qui consoliderait leurs sièges de membres permanents. Ils proposent, pour débloquer les négociations, une transition consistant à faire entrer tout de suite les quatre membres non permanents supplémentaires et à élire cinq nouveaux candidats permanents pour une durée de dix ans, puis à faire, au terme de cette période, une évaluation pour envisager la suite. Cette solution pragmatique est très contestée : elle laisse en effet le Conseil de sécurité dans une situation où sa légitimité reste problématique aux yeux de certains États. L'abandon du veto semble encore plus hors d'atteinte. Une solution fondée sur l'engagement des cinq membres titulaires de ce droit de n'en user que dans des circonstances exceptionnelles n'a pas, pour l'instant, connu plus de succès. Elle est de simple bon sens et devrait être reprise à la meilleure occasion.

De telles impasses ne vouent pas pour autant les Nations unies à l'impuissance. Les succès évoqués invitent en revanche ses États membres à savoir faire preuve de détermination et de sagesse. De façon inattendue, dans des instances de statut plus modeste, des avancées concrètes vers le bien commun universel continuent d'être obtenues. C'est une raison de plus pour s'attacher à la modernisation de toutes les autres institutions du système où des progrès pourront être accomplis, sans se heurter de manière paralysante au principe de la souveraineté nationale.

Ainsi, patiemment mais de façon résolue, le politique (c'est-à-dire la représentation effective de tous les hommes et de toutes les femmes du monde) pourrait réinvestir les institutions globales au service du bien commun universel et acheminer plus efficacement le monde vers son unité, en préservant toute la richesse de ses diversités.

Répondre par la sagesse à la finitude des ressources de la planète

Le « scénario central » a mis sous nos yeux des perspectives rassurantes de poursuite de la croissance mondiale pour un monde en mutation. Faut-il le rappeler ? Avec un produit brut mondial multiplié par deux et demi à trois, le monde aurait 4 milliards de consommateurs de plus appartenant désormais aux classes moyennes ou supérieures. Il nous reste à aborder une question, évoquée plus haut : quel modèle et quel niveau de consommation notre planète de 9,7 milliards d'habitants pourra-t-elle supporter en 2050, alors que ses équilibres sont déjà mis à rude épreuve ? Le réchauffement général et les changements climatiques ajoutent à ces tensions. Un grave stress hydrique s'accroît dans nombre de pays d'Asie et d'Afrique, augmentant les coûts d'accès à l'eau ; ceux de la protection contre la pollution de l'air s'imposent aussi. Des embouteillages massifs paralysent déjà bien des métropoles ;

des inquiétudes se font jour concernant la sécurité alimentaire, la déforestation, les zones humides, etc. Nous connaissons mieux maintenant les limites des ressources naturelles disponibles. Au-delà du problème de la satisfaction des besoins humains de base que nous avons évoqué avec l'éradication de la pauvreté, nous devons affronter une autre dimension des problèmes de l'humanité dans l'avenir : trouver les voies d'une façon de vivre durable pour préserver la planète que nous léguerons aux générations futures. Nous sommes forcés d'admettre que nous ne voyons pas comment faire face aux besoins des plus de 8 milliards d'habitants des pays aujourd'hui en développement s'ils viennent à adopter le mode de vie actuel des consommateurs de l'Europe occidentale et de l'Amérique du Nord ou des pays les plus avancés d'Asie. S'ils tentaient de le faire, le niveau des émissions de carbone dépasserait de beaucoup le niveau correspondant aux cibles agréées par la COP 21. De graves pénuries d'eau, de produits alimentaires, d'énergie et de divers minéraux pourraient apparaître ; les villes seraient surencombrées de voitures ; les pays en développement souffriraient de l'extension illimitée des villes ; des situations de tensions de toutes sortes se feraient jour, offriraient au populisme un terrain propice à ses propagandes et pourraient entraîner des agitations et des soulèvements politiques. Le déséquilibre entre l'augmentation de la demande et les limites de l'offre se traduirait très probablement par une pression permanente sur les prix insupportable aux plus pauvres, une fois de plus floués. Ces tensions ignoreraient les frontières et des conflits internationaux pourraient survenir. Bien sûr, des percées technologiques pourraient atténuer certaines tensions, mais dans quelle proportion ? Il est clair que la population du monde entier devrait adopter un mode de vie mettant moins à l'épreuve notre fragile planète. Mais comment y parvenir ?

À cette question fondamentale, il est difficile de trouver une réponse tout à fait convaincante au sein des traditions et de la réflexion occidentales. On la trouve en revanche chez certains de nos collègues des pays émergents. Avec le professeur Ramgopal Agarwala, l'un des plus prestigieux économistes indiens, ils ont le courage d'affirmer ce que nos complexes d'Occidentaux nous retiennent de dire : « À partir de maintenant, les pressions croissantes sur les ressources naturelles viendront largement des économies émergentes et en développement (EED). » La solution logique de ces difficultés, admettent-ils, devra donc venir en grande part de chez eux. Si les EED continuent à reproduire le mode de vie occidental, créent des problèmes croissants de pollution, d'encombrement, de pénurie alimentaire et de stress hydrique, elles devront adopter des mesures correctives bien plus coûteuses quand les problèmes se seront multipliés. À l'inverse, si, puisant dans des pratiques ou des savoirs traditionnels de conservation de la biodiversité et du respect de la nature, elles s'engagent vers un mode de vie beaucoup plus durable, le monde tout entier en serait bénéficiaire. Les pays développés devront les aider à résoudre cette question d'intérêt commun. Il leur revient de soutenir le plus vigoureusement possible l'option des EED pour cette prospérité soutenable ; compte tenu cependant du nombre sensiblement plus faible de leur population, ils ne disposent pas de moyens décisifs pour soulager la pression exercée sur les ressources naturelles, sauf à donner l'exemple et à développer des solutions technologiques vraiment prometteuses. En revanche, « les populations des pays en développement pourraient être encouragées à voir dans cette nouvelle situation une bénédiction inattendue qui les conduirait à revenir à des modes de vie plus sains et plus conformes à leur éthique traditionnelle de modération, de frugalité, d'autodiscipline et de vie en harmonie avec la nature ».

Ces derniers mots sont précisément du professeur Ramgopal Agarwala. Suivons-le dans la définition qu'il propose, conjointement avec Harinder Kohli, des contours d'une stratégie nouvelle vers une prospérité durable pour tous : « Ce qui est demandé est un changement universel et fondamental des valeurs et, partout, de la culture de base des gens. Cela ne sera pas facile et n'arrivera pas du jour au lendemain. Il n'existe pas de solution miracle. »

Ce qui est requis est que chacun, dans le monde développé ou en développement, réfléchisse soigneusement à ce qu'il fait, comment il le fait et de quelles manières il pourrait demander moins à la terre. Ces penseurs du monde en développement ne sont pas seuls. Des voix s'élèvent, un peu partout, pour contribuer à la définition de ces nouveaux modes de vie. Elles nous invitent à entrer dans une nouvelle harmonie avec la nature, substituant au « clinquant » un train de vie modeste, au gaspillage la préservation de la nature, et à nos excès une plus grande frugalité. Cela nous amènerait à rapprocher nos modes de vie du modèle paradoxal, mais si suggestif, d'« abondance frugale » que recommande Jean-Baptiste de Foucauld[1]. La COP 21 a constitué aussi une belle avancée vers le développement d'énergies renouvelables : cela devrait conduire, très rapidement, à l'abandon progressif de tous les combustibles fossiles, ainsi qu'à la promotion de l'efficacité énergétique dans toutes les activités humaines.

Dans le même esprit, la maîtrise du développement du parc automobile est réclamée partout. Elle sera difficile. Contre la pression des lobbies, pourtant, nous voyons déjà dans beaucoup de pays développés – y

1. Toute l'œuvre de Jean-Baptiste de Foucauld devrait être citée ici, et notamment *Les Trois Cultures du développement humain*, Odile Jacob, 2002.

compris aux États-Unis, qui sont La Mecque de la culture automobile – une tendance des jeunes professionnels à revenir dans les centres-villes, à utiliser les transports publics et même à renonçer à la voiture au profit de la bicyclette. Si les pays en développement créent des villes plus compactes, habitables et intelligentes, recourent à des transports publics de masse et dissuadent ainsi l'usage de la voiture, ils réduiront encore plus leur empreinte carbone. Ajoutons que, marchant davantage au lieu de conduire, les gens amélioreront leur santé.

Le changement des régimes alimentaires est, lui aussi, à l'ordre du jour. Certains traits du mode de vie occidental actuel sont malsains, non seulement pour la terre, mais aussi pour la santé des êtres humains. Nos habitudes alimentaires en font partie. Le nombre de calories consommées est trop élevé dans les pays développés, alliant ainsi gaspillage et insalubrité. Certaines estimations révèlent que près de la moitié de la nourriture est perdue dans son transit entre la ferme et nos salles à manger. Un élément de ce gaspillage est la forte dépendance à l'apport excessif de viande. Nicholas Stern, le remarquable économiste britannique, ne souriait qu'à demi lorsque, il y a déjà quelques années, il annonçait que les Européens se verront exposés un jour à la nécessité de devenir végétariens. S'il n'existe guère de modèle évident de régime sain dans les pays développés, on en trouve en revanche plusieurs dans les économies émergentes. Les habitudes alimentaires traditionnelles en Inde ou en Afrique, par exemple, avec leur prévalence végétarienne, méritent un regard neuf.

Un immense chantier s'ouvre ainsi devant nous : au-delà du changement de nos modes de vie, celui de notre rapport à une nature fragile envers qui notre culture nous a conduits à nous comporter comme si elle nous était extérieure. Nous devons désormais apprendre à la traiter pour ce qu'elle est, intimement liée à tout notre être. On aperçoit les prémices de tels changements chez nos contemporains, mais beaucoup reste à faire pour nous ressaisir et adopter un style d'existence plus durable. Le pape François, comme le soulignaient le professeur Ramgopal Agarwala et Harinder Kohli, a fait un pas de géant pour orienter les hommes dans cette direction, avec la publication de son encyclique *Laudato si'*. Salubre message, s'il en est ! D'autres dirigeants et leaders d'opinion mondiaux se sont empressés de lui exprimer leur appréciation. Ils devraient maintenant le rejoindre pour faire évoluer les mentalités vers une façon de vivre plus durable. À y regarder de plus près, il s'agit là d'une invitation à une tâche bien plus vaste encore : le changement radical de nos cultures.

Porter nos cultures à la hauteur de nos défis

Ami lecteur, vous m'avez accompagné jusqu'ici à travers d'austères analyses et d'exigeantes suggestions. Vous y avez grand mérite, mais peut-être me prêtiez-vous un brin de légitimité à vous les proposer, compte tenu de ma longue expérience des débats économiques, financiers et diplomatiques. Puis-je encore faire appel à votre indulgence ? Je voudrais maintenant m'aventurer sur un terrain où les financiers et les technocrates n'ont pas l'habitude de se risquer : nos cultures. Peut-être l'ai-je compris trop tard : il est fou de séparer l'économique, le social et la politique de la culture. Aucune réforme n'ira bien loin si l'on laisse la culture en marge des débats. Mais où en sommes-nous actuellement ? Nous aimerions penser qu'en prenant pour objectif premier vers 2050 l'éradication de la pauvreté et des inégalités, en proposant la transformation de la finance et de la gouvernance du monde, en suggérant enfin des choix de sobriété pour un développement de qualité, nous avons posé de solides jalons pour notre route. Suffiront-ils ? Les hommes et les femmes d'aujourd'hui et de demain seront-ils prêts à de tels changements ? Des doutes subsistent. Tout se passe comme si notre génération s'en sentait incapable, faute d'identifier ce qui la paralyse, ce « chaînon manquant » d'une stratégie pour un renouveau durable. Ce chaînon est culturel.

Les lecteurs du remarquable document *From Billions to Trillions* auquel nous nous sommes référés plus haut ont pu méditer une phrase inattendue dans un document de stratégie financière. Pour atteindre les objectifs du développement durable, le monde doit se préparer, suggère-t-il, à plus que des sacrifices financiers : « Il doit procéder à un changement universel des mentalités et des approches actuelles pour affronter les nouvelles réalités du monde. » Notre problème d'adaptation à la finitude des ressources naturelles nous a amenés à la même conclusion. Finalement, dans tous ces domaines et probablement dans quelques autres, il s'agit de renforcer l'éthique des individus et des organisations, et d'ouvrir leurs cultures à un autre rapport à la nature et à l'universel. Ce changement culturel profond est le « chaînon manquant » de notre réflexion. Il nous faut donc l'identifier dans ses principaux aspects et, là où la culture d'hier – pour reprendre un mot de Kafka – nous tient entre ses « griffes », là où elle reflète un travail subreptice de division, de peur, voire de haine, s'opposant radicalement à celle que l'avenir appelle, trouver les voies de son renouveau.

Cette suggestion peut sembler paradoxale, tellement nous voyons aujourd'hui notre monde dans tout l'éclat d'une universalisation et d'un enrichissement culturels sans précédent. La révolution numérique s'opère et soudain, par la vertu de quelques clics, la bibliothèque du Congrès est ouverte dans notre salle de séjour. L'apprentissage d'une ou de deux langues étrangères nous est énormément facilité, sans rien perdre des richesses et des subtilités de celle qui nous a été léguée au berceau ; les rencontres et les voyages devenus plus accessibles nous amènent sans trop de mal à en pratiquer d'autres, assez pour entrer en conversation à peu près partout. Pourtant, si nous pouvons savourer cet élargissement formidable de notre accès au savoir et aux échanges, notre culture reste, en profondeur, celle d'hier, étrangère à celle de demain. Il nous faut donc nous demander par quelle transformation elle pourrait participer à la construction du monde de 2050. Si nous la laissons en quarantaine, nos « chemins d'humanité » se refermeront bientôt.

Culture d'hier, culture de demain

Il y a un abîme entre la culture dans laquelle nous baignons depuis la révolution industrielle et celle de demain, terrain nourricier et « supplément » d'âme nécessaires à la cohésion universelle d'un monde nouveau. Identifions les obstacles qui les séparent.

Depuis les Trente Glorieuses, les pays avancés – de plus en plus imités par les pays émergents – ont laissé s'instaurer une culture au sein de laquelle le « gagner plus pour consommer toujours plus » est devenu le mobile non exclusif, mais dominant. L'homme se trouve réduit, dégradé à sa seule fonction économique. La vie tend à se vider de sens. Beaucoup de travailleurs pauvres vivent dans la précarité et, selon l'ONU, à l'heure où nous écrivons, 100 000 personnes sont menacées de mourir de faim au Soudan du Sud, 6 millions le sont en Somalie, 5 millions dans le nord-est du Nigeria, 7,3 millions au Yémen… et, pourtant, « la consommation, chez nous, dit Jean-Claude Eslin, est devenue destin. » La cupidité, dénoncée par le président Obama dans son discours d'investiture, devient subrepticement politiquement correcte : elle s'installe partout au cœur de la culture collective. Ainsi s'est constitué le terreau fertile de tous les abus de la sphère financière, jusqu'à son effondrement en 2007-2008. Ce modèle autodestructeur d'avidité généralisée a creusé le vide éthique dans lequel l'économie mondiale s'est engouffrée et, avec elle, une part de ce qui faisait la force économique et la civilisation de l'Occident.

Un autre trait de notre culture, qui plonge très profondément ses racines dans l'histoire de l'Occident, s'oppose à celui qu'il nous faut développer demain : notre rapport avec la nature. L'évidence, aujourd'hui, de la finitude des ressources de la planète nous laisse désemparés, tellement nous regardons celle-ci de façon essentiellement utilitaire. Cette vision nous a conduits jusqu'ici à une exploitation sans scrupule, souvent dévastatrice, de notre environnement. Cela ne peut plus durer. Une transformation intérieure s'impose en ce domaine aussi.

Il en va de même de l'étroitesse de notre conception du bien commun. Elle enferme celui-ci dans les limites de nos villages ou aux frontières de nos pays – que la méfiance et les préjugés à l'égard des migrants nous pressent de sacraliser à nouveau. Or le monde d'aujourd'hui, sans même parler de celui de demain, n'est plus celui-là. « Le mot "étranger" me semble étrange, m'a dit un jour ma fille. Le monde est communauté. Ce mot devrait donc être rayé du vocabulaire. » Avant que ce jour advienne, il nous faudra apprendre à aborder les problèmes d'un monde riche de toutes ses diversités rurales et urbaines dans une vision globale, et cesser de nous comporter en mutilés de l'universel… Le bien commun mondial doit aujourd'hui inspirer nos choix. Dire cela équivaut à élargir nos horizons aux extrémités du monde. Il y va, là aussi, de notre survie collective.

Un dernier trait, enfin, de la culture dominante du monde actuel entrave sa rencontre avec celle des hommes et des femmes de 2050 : c'est la profonde et persistante imprégnation des structures mondiales par les modes de pensée occidentaux, plus orientés vers le faire que vers l'être. Alors que le monde s'unifie de façon galopante et efface l'eurocentrisme colonial, notre vieille culture regimbe encore à s'ouvrir à celles qui ont pris racine en Orient, en Asie, en Afrique et en Amérique latine. Or, c'est bien clair : un monde universalisé ne trouvera l'harmonie à laquelle il aspire que dans un bain culturel largement diversifié, puisant à toutes ses sources et non plus seulement à Jérusalem, Athènes, Rome… et Hollywood.

Il nous faut donc changer nos cultures.

Comment changer nos cultures ?

Un changement culturel n'est pas une mince affaire. C'est même, probablement, le plus profond défi que nous rencontrerons sur notre route. De lui dépend la mise en œuvre, dans le quotidien des années à venir, de ce renouveau que des règles adoptées par les nouvelles institutions mondiales ne suffiront pas à faire prévaloir.

Tous les dirigeants politiques, sauf dans les pays totalitaires, le savent : on ne peut pas gouverner les cultures comme on le ferait des équilibres macroéconomiques ou d'armées en campagne. La dernière tentative de « révolution culturelle » au terme d'une histoire immémoriale a été celle de la Chine de Mao Tsé-toung. Les Chinois d'aujourd'hui préfèrent l'oublier. La culture est le domaine souverain de l'esprit humain et de la liberté. Elle change, bien sûr, en permanence – et rarement comme on le souhaiterait. Elle connaît des avancées éclatantes et, parfois, des phases de régression. Nous en percevons aujourd'hui quelques indices avec l'engouement pour des formes périmées de nationalisme, de repli protectionniste, voire, ici ou là, le retour d'un certain attrait pour des modes de gouvernement dictatoriaux. La fable du *Meilleur des mondes* de Huxley nous revient à l'esprit. *La Légende du Grand Inquisiteur* de Dostoïevski nous avait rappelé la tentation périodique des sociétés humaines de se laisser acheminer doucement vers des régimes leur offrant, comme « le meilleur des mondes possibles », le tranquille et médiocre confort de l'irresponsabilité dans la servitude. Ce risque est toujours là. C'est l'honneur des démocraties humanistes d'y faire barrage, en s'appuyant sur toutes les ressources de la raison. Mais l'histoire tragique du XXe siècle nous le rappelle : nous ne disposons pas là d'une arme absolue.

Notre responsabilité aujourd'hui est de nous tenir prêts à reprendre ce combat et de faire en sorte que l'accès de tout homme à la culture soit effectivement reconnu partout comme un droit. Il nous faut même aller plus loin et travailler à l'avènement d'une nouvelle culture.

Il ne s'agit, en aucune manière, de revenir au vieux rêve babélien d'une unité culturelle du monde – cette ambition des totalitarismes –, mais de préserver ce trésor qu'est l'immense diversité des cultures des vices qui les ruinent et peuvent paralyser ce monde dans sa marche vers un avenir meilleur.

Il est encourageant de constater que la difficulté de ce défi ne démoralise pas nos contemporains. Nous pouvons admirer et soutenir leurs efforts aux deux extrêmes de la société mondiale, à son sommet comme à sa base – et je suis tenté de dire « plus à la base qu'au sommet » !

Nous avons déjà évoqué la tâche accomplie aux Nations unies et dans les institutions de Bretton Woods depuis la Seconde Guerre mondiale : l'adoption de la Déclaration universelle des droits de l'homme, les Objectifs du Millénaire, puis ceux de 2015 pour le développement durable. Toutes ces décisions appellent les hommes à promouvoir des valeurs de fraternité, de solidarité et de partage. De même, si souvent décriées parce qu'elles doivent remplir le rôle ingrat de rappeler les gouvernements aux disciplines macroéconomiques et de gestion, diverses autres institutions comme le FMI et la Banque mondiale contribuent aussi à diffuser des valeurs de partage et de solidarité. On peut être fier d'y avoir servi.

On retrouve ces mêmes valeurs, bien plus lisibles à vrai dire, au ras du sol dans tous les coins du monde, à travers les myriades d'initiatives libres et créatives par lesquelles la société civile exprime sa révolte ou son rêve d'un monde meilleur. Il y a là une source extraordinaire d'espoir. Avant même qu'une nouvelle culture se soit affirmée, nous la voyons prendre corps partout dans la réussite et même dans les échecs de cette multitude d'actions d'hommes et de femmes qui, à mains nues, refusant l'inacceptable, choisissant souvent de partager la condition des plus déshérités parmi les humains, parviennent à en changer la condition.

Il faut nous arrêter un instant à ces expériences. Elles sont regardées souvent avec une complaisance teintée de scepticisme. Pourtant, si elles se rangent dans l'infiniment petit, elles relèvent du hautement signifiant ; ce sont des pierres d'attente de la culture et de la société de demain. Nous en avons rencontré partout à travers le monde[1] : à Madagascar, en

1. Il est rendu compte de certaines d'entre elles dans le livre de Brigitte Camdessus, *La Spirale ascendante – Faire reculer l'exclusion*, Desclée De Brouwer, 2002.

Zambie, en Éthiopie, au Mozambique, en Inde, au Chili, au Brésil, au Cambodge, etc. Leur liste pourrait être très longue. Dans leur stupéfiante diversité, elles portent des traits communs. Il s'agit toujours, de quelque manière, de combattre pour la dignité humaine dans la confiance en la capacité des victimes à se prendre en main ; de trouver, en s'associant, force, dynamisme et courage pour ouvrir quand cela est nécessaire le dialogue avec les pouvoirs publics et emporter leurs décisions. Parmi ceux qui les lancent ou qui y participent, les femmes sont nombreuses. Ces initiatives sont le plus souvent démocratiques et participatives. Lancent-elles de modestes structures de production ? Elles s'assurent de la dignité des conditions de travail et de la justice des rémunérations. Elles portent très haut le souci de l'éducation populaire : pour les plus âgés, comme une voie vers plus de dignité et de liberté, pour les plus jeunes, afin qu'émergent de leurs rangs de futurs dirigeants. Toutes les occasions leur sont bonnes d'ajouter saveur, convivialité, beauté aux établissements humains qu'elles entreprennent de créer ou de rénover. Elles veillent à ne laisser personne sur le bord de la route, y compris ceux qui, trop vite résignés, baisseraient les bras. Elles finissent par réaliser ce qu'elles-mêmes auraient pu croire impossible. Leur succès sert d'exemple à d'autres, parfois au-delà des frontières de leur pays. Elles deviennent ainsi des points d'irradiation d'une nouvelle culture pour les décennies qui viennent. Elles justifient les mots prophétiques du fondateur d'ATD-Quart Monde, le père Joseph Wresinski, créant, au lendemain de la Seconde Guerre mondiale, un modeste centre social pour les plus déshérités dans un bidonville de la banlieue de Paris : « Ce que nous faisons ici est contribution à une civilisation de fraternité. » Il ne pouvait mieux dire. Son geste aura des répercussions universelles et trouve aujourd'hui sa trace sur une plaque de bronze sur le parvis des Nations unies à New York[1].

Nouvelle culture, nouvelle civilisation en marche ! C'est ainsi que se développe, dans les rangs de la société civile, une culture de la démocratie, de l'écologie, de la solidarité et de l'universel, et que se manifeste cette dimension globale de la citoyenneté sur laquelle pourrait s'appuyer une nouvelle gouvernance mondiale véritablement démocratique. Il y a ainsi une singulière et admirable convergence des efforts entrepris aux deux pôles de la société universelle. Tout doit donc être fait pour la développer et soutenir son élan toujours menacé par les intérêts établis. Il sera donc

1. Une remarquable analyse d'expériences de cette nature et des leçons qui devraient en être tirées est fournie par l'ouvrage *Chemins d'économie humaine*, de Lourthusamy Arokiasamy, Yves Berthelot, Andrés Lalanne et Lily Razafimbelo (Cerf-Patrimoines, 2016).

d'une haute importance qu'un soutien efficace lui soit apporté par une institution qualifiée et équipée pour cela sur le plan mondial.

Nulle autre que l'Unesco ne serait plus apte à conduire cette entreprise . Il s'agirait pour elle, à partir de tous ces efforts, de contribuer à faire de la mondialisation une chance pour la convivialité humaine. Sa magnifique charte de 1946 y invite. On retiendra en particulier les alinéas suivants :

« Les gouvernements des États parties à la présente Convention, au nom de leurs peuples, déclarent : [...] que, la dignité de l'homme exigeant la diffusion de la culture et l'éducation de tous en vue de la justice, de la liberté et de la paix, il y a là, pour toutes les nations, des devoirs sacrés à remplir dans un esprit de mutuelle assistance ; qu'une paix fondée sur les seuls accords économiques et politiques des gouvernements ne saurait entraîner l'adhésion unanime, durable et sincère des peuples et que, par conséquent, cette paix doit être établie sur le fondement de la solidarité intellectuelle et morale de l'humanité. Pour ces motifs, les États signataires de cette Convention, résolus à assurer à tous le plein et égal accès à l'éducation, la libre poursuite de la vérité objective et le libre échange des idées et des connaissances, décident de développer et de multiplier les relations entre leurs peuples en vue de se mieux comprendre et d'acquérir une connaissance plus précise et plus vraie de leurs coutumes respectives. »

S'appuyant sur un tel mandat, l'Unesco pourrait prendre l'initiative d'un renouveau mondial de l'éducation de la jeunesse. Au-delà du partage des savoirs et d'un apprentissage plus systématique des langues étrangères, il s'agira d'aider les jeunes à reconnaître la dimension universelle et écologique de leur vie, à prendre la mesure de leurs responsabilités, des chances et des risques qu'ils vont rencontrer et devoir affronter. Il y faudra, partout, un effort majeur de pédagogie pour revivifier l'éducation à l'altérité, le « faire à autrui ce que l'on voudrait qu'il vous fasse ». La solidarité fondamentale de l'homme et de la nature devra elle aussi être enseignée, et les enfants devront apprendre que la qualité de leur vie dépendra de leur manière de protéger et de chérir la nature. Pourquoi ne pas faciliter, dans la pratique, cette prise de conscience en créant un « corps mondial des volontaires de l'environnement » auquel se rattacheraient dans chaque pays des associations locales regroupant des volontaires prêts à consacrer du temps à la restauration de sites naturels dégradés ? Ce travail est déjà en cours dans bien des endroits. Signifier ainsi sa portée mondiale aurait grand sens.

De même, les jeunes devront apprendre le primat de la paix et de la tolérance, l'esprit de partage et l'ouverture à l'universel. S'il fallait leur proposer une inspiration privilégiée, ce pourrait être l'injonction que Montesquieu s'adressait à lui-même :

« Si je savais quelque chose qui me fût utile et qui fût préjudiciable à ma famille, je la rejetterais de mon esprit. Si je savais quelque chose qui fût utile à ma famille et qui ne le fût pas à ma patrie, je chercherais à l'oublier. Si je savais quelque chose utile à ma patrie et qui fût préjudiciable à l'Europe ou bien qui fût utile à l'Europe et préjudiciable au genre humain, je la regarderais comme un crime[1]. »

Ce renouveau éducatif doit devenir une « grande cause » mondiale justifiant, à tous les niveaux – locaux, nationaux et continentaux –, des efforts beaucoup plus profonds et durables que ceux qui ont été conduits jusqu'ici. Tous les acteurs de la sphère culturelle, enseignants des écoles et des universités, chercheurs, journalistes, écrivains, artistes, responsables des ONG, hommes politiques, etc., devraient y être associés.

À un stade ultérieur, on pourrait imaginer que l'Unesco soit davantage reconnue comme le lieu par excellence où seraient débattus les problèmes fondamentaux émergeant au fil de l'histoire de nos sociétés. À l'occasion de la COP 21, beaucoup de délégations – y compris la présidence française – se sont maintes fois référées à ce document majeur qu'a été l'encyclique *Laudato si'*. On aurait pu imaginer que, au cours des années précédant cette conférence, l'Unesco soit invitée à procéder à une réflexion analogue. Ce

1. *Pensées diverses*, Firmin Didot frères, 1854.

travail n'aurait pas rendu l'encyclique inutile, mais il aurait apporté à la conférence et à celles qui la suivront un précieux soubassement intellectuel et éthique puisant à toutes les cultures mondiales. On peut imaginer qu'au cours des prochaines années surgissent des questions d'importance similaire – les immenses questions éthiques soulevées par des avancées technologiques telles que celles qui concernent le génome humain ou l'intelligence artificielle. Elles justifieront que les plus hautes compétences universelles en débattent au sein d'une Unesco renouvelée et proposent aux instances politiques mondiales des recommandations de portée universelle. L'institution répondrait ainsi pleinement au projet visionnaire de ses pères fondateurs, qui avaient si bien compris l'importance de la culture pour la paix et le bonheur des hommes.

Quelle contribution des sagesses, des spiritualités et des religions ?

Difficile tâche que celle de ceux qui accepteront la magnifique mission de diffuser à travers le monde la culture de l'universel ! Il s'en trouvera beaucoup. Partout en effet, des hommes et des femmes aspirent déjà silencieusement à s'en enrichir. Beaucoup de jeunes la reconnaissent en eux-mêmes et en vivent. Plus que la génération précédente, ils rejettent la vanité du « gagner plus pour consommer plus » et sont avides de sens et d'engagements solidaires par-delà les frontières. Pour ceux qui sont prêts à partager de tels engagements, les sagesses, les spiritualités et les religions du monde pourraient être de précieux partenaires. Elles ont été très souvent, à travers l'histoire, au-delà de la diffusion de leurs propres croyances, à l'origine des cultures du monde. Qu'il suffise d'évoquer le rôle du réseau des monastères dans la construction de la culture européenne dès la fin du premier millénaire. La tâche dont nous parlons ne peut les laisser indifférentes. Il leur appartient d'accompagner les hommes sur ce chemin. « L'humanité est en droit d'attendre encore plus des religions que ce que nous donnons actuellement », déclarait le 27 avril 2017 le patriarche Bartholomée Ier de Constantinople, invité par le grand imam cheikh Ahmed Al Tayeb à prendre la parole à l'université al-Azhar du Caire.

Comment ne pas évoquer, à ce propos, le discours de Vaclav Havel, le héros de la révolution de Velours accueillant à Prague, en l'an 2000, l'ensemble des ministres des Finances du monde, les banquiers centraux et leurs entourages ? Cet homme admirable les interpelle d'un ton modeste : « C'est bien, ce que vous faites ! Vous restructurez les économies du monde, et c'est nécessaire ; mais le monde a atteint un moment critique de son histoire, nous devons maintenant restructurer aussi, dans son intégralité, le système de valeurs, fondement de notre civilisation actuelle.» Et d'ajouter, lui qui était agnostique: «Comment y parvenir sans une nouvelle et puissante avancée de la spiritualité humaine? Que faire concrètement pour encourager une telle avancée?» Cet appel fut vite oublié, mais certains de ses auditeurs surent y voir une invitation à toutes les sagesses, à toutes les spiritualités, à s'engager sur ce chantier pour la restructuration du système actuel de valeurs.

On imaginerait difficilement la propagation du système de valeurs appelé par le monde qui vient à l'ensemble de ses populations si ceux qui les accompagnent, les forment et les soutiennent dans leur vie spirituelle n'y contribuent pas, eux aussi. Certains craindront cependant qu'associer les forces spirituelles à une telle entreprise ne comporte des risques d'instrumentalisation. Ils préféreront donc les tenir à distance. Les religions à travers l'histoire n'ont-elles pas été souvent à l'origine de violences et de guerres? Ne voyons-nous pas aujourd'hui l'instrumentalisation des religions à laquelle procèdent des acteurs non étatiques fanatiques, tels Daesh et quelques autres, dans leurs tentatives de déstabilisation de la sécurité collective?

D'autres, au contraire, pensant comme Havel à l'ampleur du changement culturel à promouvoir, estimeront qu'il aura beaucoup plus de chances d'aboutir si les principales sagesses et religions du monde s'associent à cet effort. Ensemble, elles ont fondamentalement un même ennemi commun : ces forces du mal qui dressent l'homme contre ses frères. Rien de ce qui tend à un véritable progrès de l'humanité n'est éloigné du cœur de leur message. Plus encore, en intensifiant leur dialogue entre elles et en multipliant ensemble les initiatives humanitaires, elles offriraient au monde de vivants exemples de fraternité. Elles contribueraient ainsi au rapprochement entre leurs fidèles et avec les autres croyants. Parmi eux, nombreux pourront être alors ceux qui voudront mettre en œuvre, d'une manière plus exemplaire, la seule obligation que le premier article de la Déclaration universelle des droits de l'homme impose à chaque être humain : « agir les uns envers les autres dans un esprit de fraternité ».

Certes, les sagesses, les spiritualités et les religions disposent de ressources culturelles très différentes. On n'aborde pas la question du rapport à la nature ou des rapports homme-femme de la même façon avec les ressources taoïstes et islamiques, européennes ou africaines. Elles invitent pourtant leurs fidèles à pratiquer des vertus inspirées par le souci de la paix, le sens de l'universel et le choix de la qualité de la vie plutôt que celui de l'accumulation des biens matériels. Les valeurs fondamentales qu'elles partagent ainsi pourraient tout naturellement les réunir pour des tâches telles que :

– la construction d'une économie de partage, en invitant au don, à la gratuité et au sens de la responsabilité les consommateurs eux-mêmes d'une économie marchande ;

– la gestion responsable d'un environnement devenu chaque jour plus fragile par la promotion inventive d'une économie plus frugale, en faisant découvrir à leurs fidèles la solidarité fondamentale de l'homme et du cosmos ;

– l'élaboration conjointe d'une proposition d'éthique mondiale reprenant par exemple le projet initié par Hans Küng dans les années 1990, dans le cadre du Parlement des religions.

Qui serait mieux placé, enfin, que les sagesses et les religions du monde s'exprimant ensemble, pour ouvrir les esprits et les cœurs à la dimension mondiale de notre solidarité et de nos responsabilités, et à la nécessité de soutenir, d'encourager et d'exiger la mise en place d'une réforme profonde de la gouvernance mondiale ? Qui le ferait si elles ne le font pas, en commençant par développer entre elles, sans peurs ni excessives précautions diplomatiques, un dialogue constant et fraternel ?

Allons plus loin. Des raisons proprement théologiques pourraient puissamment stimuler de telles contributions. Loin de s'enfermer dans leurs enseignements traditionnels, les religions découvrent aujourd'hui – comme le père Claude Geffré, l'un des plus grands théologiens français contemporains, aimait à le souligner – que « la pluralité des langues et des cultures est nécessaire pour traduire la richesse multiforme du mystère de Dieu ». Chacun est ainsi invité à renoncer à une sorte d'exclusivisme et à accepter une merveilleuse et puissante invitation à se soumettre humblement au regard des autres et s'enrichir de leurs questionnements et de leurs propres réponses aux questions les plus fondamentales de l'humanité.

On ne saurait exclure d'ailleurs que, dans des circonstances où tant de menaces pèsent sur la paix, beaucoup de croyants viennent à s'indigner devant la timidité de trop de maîtres de religion à s'engager dans un dialogue fraternel et des actions communes, quelles que soient les réticences et les critiques de leurs coreligionnaires. Il serait donc important d'encourager tous ces maîtres de sagesse à rappeler à leurs « ouailles » que le dialogue et le partage ne sont pas des « matières à option », mais relèvent du cœur même de leur foi. Chacune d'entre elles sera d'autant plus en droit d'attendre des autres un comportement fraternel qu'elle s'engagera elle-même, sans plus attendre et sans esprit de retour, dans cette voie. Cela n'appellera guère d'action spectaculaire. Il suffira d'être constamment disposé à des gestes simples d'ouverture et au partage, dans une pleine disponibilité à reconnaître, « à préserver et à faire progresser les valeurs spirituelles, morales et socioculturelles qui se trouvent chez les adeptes des autres religions[1] ». Pour cela, toute occasion de mener ensemble des projets susceptibles de faire progresser la fraternité s'offrira à eux comme une bénédiction. Tout cela n'aboutira certes pas à une sagesse universelle et uniforme ; en revanche, cela vivifiera les sagesses locales qui, passées par le regard des autres et réformées par ces regards, communiqueront bien mieux les unes avec les autres et s'orienteront davantage vers l'horizon de l'humanité entière.

Convenons-en, l'avènement d'une culture en phase avec le monde qui prend figure devant nous pourra demander beaucoup de temps. Les cultures évoluent à leur propre rythme, désespérant de lenteur souvent, foudroyant parfois. Le découragement n'épargnera probablement personne ; ce sera aussi la tâche des sagesses et des religions d'aider chacun à persévérer. Ce travail en lui-même, comme leur travail sur elles-mêmes pour mieux s'ouvrir aux autres et pour favoriser l'union entre les hommes, sera créateur de civilisation.

1. Nous extrayons ces mots de la déclaration *Nostra Ætate* du concile Vatican II.

Conclusion

Croire en un monde meilleur

Nous voici au terme de nos réflexions sur nos chemins vers 2050. Il y en a certainement quelques autres que vous-même, Ami lecteur, saurez identifier. Pour nous garder de tout optimisme aventureux, j'ai souvent rappelé dans ces pages les périls qui nous menacent, la fragilité de nos hypothèses, de nos consensus et, enfin, de nos institutions plus ou moins vermoulues. Je n'ai pas voulu pour autant me départir de la confiance fondamentale et de la vivante espérance qui nous font croire en un avenir meilleur : elles nous ont accompagnés et encouragés à tenter cette réinvention du futur.

Pourtant, les prochaines années s'annoncent difficiles. L'horizon international s'assombrit. Le monde, selon les Nations unies, traverse la plus grande crise humanitaire depuis la Seconde Guerre mondiale. Dans bon nombre de pays, on peut douter de la capacité des États surendettés à répondre aux attentes de plus en plus pressantes des citoyens à la recherche de conditions de vie meilleures. Comment alors justifier cette confiance et cette espérance ? Elles se fondent sur ce que nous avons appris de la condition humaine et du cours de l'histoire du xxe siècle. Nous savons désormais que la passivité conduit aux impasses et aux abîmes, que le refus du changement ou un réformisme sans conviction sont des attitudes suicidaires, que l'indifférence, enfin, est une des formes les plus pernicieuses de la violence.

Certes, nous allons cheminer au milieu de redoutables obstacles et sans grande visibilité ; il y aura des avancées et des reculs, d'énormes bévues et parfois des événements inattendus réveillant l'espérance des peuples. Mais, quelles que soient ces incertitudes, comment ne pas opter pour nos cinq chemins d'humanité, alors que des femmes et des hommes en bon nombre, de tous pays, de toutes convictions, de toutes conditions, s'y risquent tous les jours ? Nous les avons déjà rencontrés au chapitre précédent, dans l'impressionnante diversité de leurs initiatives, des plus apparemment insignifiantes à celles qui, tout aussi modestes en leur origine, ont déjà visiblement contribué à rendre le monde meilleur.

Vous-même, ami lecteur, avez peut-être déjà rejoint tous ceux qui s'échinent à accueillir des migrants, à travailler au développement des pays les plus pauvres, militant pour éradiquer de nos sociétés les scandales des inégalités injustifiables et de la corruption, pour ouvrir les entreprises à la responsabilité sociale, préserver notre environnement, introduire enfin le politique dans tous les espaces qu'il n'avait pas encore conquis, étendant partout la vitalité citoyenne des vraies démocraties. Vous êtes déjà ainsi sur des chemins d'humanité. Tous ceux qui prendront ce même risque demain, sans se laisser arrêter par la peur ou la résignation, contribueront, avec vous, à les ouvrir davantage et à les aplanir. Ils seront eux aussi de ce petit nombre qui, au fil de l'histoire, ont fait prévaloir le bien sur le mal, rendu le monde plus habitable.

Une question reste entière cependant : qui fera de cette multitude d'engagements personnels – ou même tout simplement de cette disponibilité à participer à la construction d'un bien commun – un véritable choix de société au niveau local, national ou mondial ? C'est la tâche des dirigeants politiques. Or, dans notre pays, en Europe ou ailleurs, leur discrédit est à son comble. C'est injuste et néfaste. Nous ne pouvons en aucune manière accepter cet amalgame entre les corrompus et des hommes qui cherchent, de leur mieux, à servir le bien public. Au niveau le plus élevé des responsabilités politiques, comme à tous les échelons de la société, le petit nombre des hommes de bien peut infléchir la logique paresseuse de l'histoire et rendre possible un avenir meilleur. Ces hommes-là se révèlent face à des problèmes apparemment insolubles. J'ai eu la chance, dans l'exercice de mes fonctions, d'en rencontrer certains. J'ai pu admirer en bien des occasions comment, discernant la volonté profonde de changement dans leurs sociétés et lui donnant courageusement son expression politique, ils devenaient les acteurs de changements décisifs du cours de l'histoire. Comment exclure de telles chances pour les décennies qui viennent, lorsqu'on a pu échanger et travailler avec des hommes comme l'intrépide Jean-Paul II face au totalitarisme, la magnifique génération des responsables politiques de l'Europe de l'Est autour d'hommes comme Lech Walesa et Vaclav Havel, après la chute du mur de Berlin… et tant d'autres, ailleurs : le président Alwin du Chili, Kim Dae Jong en Corée, Nelson Mandela ; enfin, des responsables d'institutions internationales comme Kofi Annan, Enrique V. Iglesias ou Jacques Delors ?

À un moment où le monde vit le douloureux enfantement de son avenir, pourquoi marchander notre confiance à une nouvelle génération d'hommes politiques ? En élargissant à tous les niveaux les espaces de la démocratie pour que la voix de chacun soit effectivement entendue, nous ouvrons les voies d'un monde plus humain où le poids des intérêts particuliers ne primera plus dans la définition de l'avenir. Le message de mes deux amis Michel Albert et Jean Boissonnat me semble ici d'une singulière actualité. Michel mettait le doigt sur une cause première du « malheur du monde». Il la discernait dans le vide politique que nous n'avons pas su combler jusqu'ici. Nos chemins d'humanité, sur lesquels chacun est appelé à avancer, sont autant de voies vers ce bien commun universel qu'il nous invitait à définir et à servir. Il n'est de meilleure façon de le faire qu'en mettant en place l'ensemble de conditions qui permettront à chacun, jusqu'au plus vulnérable, d'accéder à son plein épanouissement.

Admettons-le : il y a là une part de pari, un acte de foi en l'homme. Nous croyons en sa capacité de choisir son avenir. Il est capable de ne pas se contenter «du pain et des jeux» dont les Césars de Rome prétendaient le rassasier. Il peut rejeter la satiété dans l'asservissement que lui offraient tour à tour le Grand Inquisiteur, de Dostoïevski, ou l'Alpha + du *Meilleur des mondes*, de Huxley. Nous voyons nos contemporains récuser de plus en plus la consommation à tout va, au prix de la corrosion du lien social et du délabrement de la planète. En acceptant d'emprunter ces chemins d'humanité et d'épouser une nouvelle culture d'engagement, de fraternité et d'universalité, nous continuerons d'imaginer ces changements minimes ou systémiques d'où émergera un bien commun universel. Rappelons-nous les mots de Jean Boissonnat : «À force d'imaginer le bien, on finit par y contribuer.» J'ai la conviction qu'à tenter joyeusement d'introduire plus de solidarité et de gratuité dans nos relations avec les hommes, moins de calculs et plus de sensibilité dans notre vie avec la nature, nous créons les conditions d'un monde plus digne de l'homme, d'un monde meilleur ; nous ouvrons enfin une voie royale vers le bonheur :

– à ceux qui, avec Camus, font l'hypothèse de Sisyphe heureux, car Sisyphe n'est plus seul et son rocher peut devenir pierre d'angle d'une civilisation plus humaine ;

– à ceux aussi qui, engagés sur les mêmes chantiers, croient avec Pierre Teilhard de Chardin que « Dieu lui-même nous appelle à travers le processus d'unification de l'univers » ; ce Dieu qui veut faire toute chose nouvelle et associer les hommes à la réussite ultime de ce monde.

Merci

Je n'aurai pas assez de mots pour dire ma gratitude à tous ceux qui m'ont accompagné, conseillé, encouragé et soutenu dans l'écriture de ce livre.

Mon premier merci doit aller à mes amis de l'Emerging Markets Forum, avec lesquels je m'honore de travailler depuis ses premiers jours. Ils m'ont associé à l'élaboration de la version anglaise du *World in 2050*. Ce fut une expérience passionnante. Leur invitation à en offrir un *digest* au public francophone, et surtout leur confiance en me donnant carte blanche pour le commenter et l'assortir de mes propres réflexions, m'ont profondément touché. Jamais, sans leurs encouragements – et tous ceux spécialement de Harinder Kohli –, je n'aurais eu l'audace de me risquer à formuler des suggestions sur quelques questions fondamentales, parfois assez éloignées du champ habituel de mes expériences.

J'ai aussi une grande reconnaissance envers Olivier Pastré, qui m'a introduit auprès des éditions Fayard et qui, non seulement m'a offert son patronage, mais a accepté avec une très spéciale générosité de devenir mon éditeur aux côtés de Sophie Kucoyanis qui, avec une subtile délicatesse, m'a aidé à mieux dire ce que je crois essentiel et, là où il le fallait, à mettre les points sur les *i*.

Je dois aussi un merci tout particulier à des proches et à des amis avec lesquels je partage, au fil des jours, réflexions, craintes et espoirs. Certains, comme Bertrand Badré et Nicholas Vickery me font bénéficier de leurs immenses compétences et de leurs observations d'acteurs au cœur de la mêlée. Ma gratitude va tout spécialement aussi à deux groupes d'amis qui ont accepté de m'accompagner dans ce travail par leur écoute indulgente, leurs questions et leurs suggestions. Il s'agit, d'un côté, de Pierre Achard, Yves et Dosithée Berthelot, Jean-Paul et Anne Lannegrace, Xavier Larère, Jean-Sébastien et Dominique Letourneur, François et Françoise Malrieu ; de l'autre, de Jacques Chabrun, Philippe Decroix, Thierry Defrance, Bruno Devismes, Jean-Claude Eslin, Claude Fouchard, Philippe Madinier, François Poquet du Haut-Jussé. Toutes ces rencontres ont été de merveilleux moments d'amitié et de partage d'une même confiance en un monde dont chacun, pourtant, connaît de près la face d'ombre.

Merci à mes enfants, qui ont patiemment relu je ne sais combien de versions de ce manuscrit et qui, encore plus passionnés d'avenir que moi, l'ont enrichi de leurs propres réflexions. Avec celui que je leur dois, un merci tout spécial va à mon épouse qui, au long de décennies d'aventures internationales, a aidé toutes les convictions que j'exprime ici à naître et à prendre forme, lorsqu'elle ne les a pas portées en premier. Ce livre lui doit aussi toutes les traductions des textes de référence en langue étrangère, et beaucoup de précieuses suggestions. Bref, comme tous mes travaux, il lui doit ce qu'il peut avoir de bon.

Merci enfin à mon assistante Jennifer Huot, qui a assuré la dactylographie non seulement des multiples versions de ce texte, mais aussi de tous les travaux qui l'ont précédé, avec patience, gaieté, intelligence et une ingéniosité toujours en éveil.

Annexes

Liste des auteurs du *World in 2050*

Éditeur

Harinder Kohli. Ingénieur et économiste. Ancien directeur de la Banque mondiale. Cofondateur et président-directeur général de l'Emerging Markets Forum et du Centennial Group International.

Auteurs

Alden LeClair. Chercheur associé à l'Emerging Markets Forum et au Centennial Group International.

Alejandro Toledo. Ancien président de la République du Pérou. Ancien enseignant aux universités de Harvard et de Stanford, États-Unis, et de Waseda, Japon.

Alexandre Pfeiffer. Chercheur.

Andrew Sheng. Chief Advisor de la China Banking Regulatory Commission.

Anne Jamison. Chercheur associé à l'Emerging Markets Forum et au Centennial Group International.

Anoop Singh. Ancien directeur du Fonds monétaire international pour l'Asie. Professeur à l'université de Georgetown et à la Lee Kuan Yew School of Public Policy de l'université de Singapour.

Claudio Loser. Ancien directeur du Fonds monétaire international pour l'Amérique latine.

Gérard Payen. Ingénieur spécialiste des problèmes mondiaux de l'eau. Ancien membre du groupe des conseillers du secrétaire général des Nations unies pour l'eau.

Gregory K. Ingram. Ancien président du Lincoln Institute of Land Policy. Ancien directeur de la Banque mondiale.

Harpad Alberto Kohli. Responsable des modèles économiques de l'Emerging Markets Forum et du Centennial Group International.

Horst Köhler. Ancien président de la République fédérale d'Allemagne. Ancien directeur général du Fonds monétaire international.

Jack Boorman. Économiste. Ancien conseiller spécial du directeur général du Fonds monétaire international. Directeur de la stratégie.

Leva Vilkelyte. Chercheur associé à l'Emerging Markets Forum et au Centennial Group International.

Marco Ferroni. Directeur exécutif de la Syngenta Foundation for Sustainable Agriculture.

Michel Camdessus. Gouverneur honoraire de la Banque de France. Ancien directeur général du Fonds monétaire international.

Pascal Lamy. Ancien directeur général de l'Organisation mondiale du commerce.

Prof. Cameron Hepburn. Professeur à l'université d'Oxford, États-Unis, et à la London School of Economics, Angleterre.

Prof. Daniel L. Byman. Professeur à l'université de Georgetown, Washington, États-Unis.

Prof. R.A. Mashelkar. Président de la Global Research Alliance. Ancient président de l'Académie nationale indienne des sciences.

Prof. Ramgopal Agarwala. Président de la Pahle India Foundation. Ancien dirigeant du Research and Information System for Developing Countries (RIS), Delhi.

Montek Ahluwalia. Ancien vice-président de la Commission de planification de l'Inde. Sherpa du Premier ministre.

Prof. Vittorio G. Hösle. Professeur à l'université de Notre Dame d'Indiana, États-Unis.

Yosuke Yasuda. Professeur associé à l'université d'Osaka.

Yuan Zhou. Directrice de recherche et d'analyse des politiques à la Syngenta Foundation for Sustainable Agriculture.

Scénarios alternatifs

Pour s'approcher aussi près que possible des évolutions économiques envisageables d'ici à 2050, l'EMF a utilisé les modèles économiques mis au point et expérimentés avec succès par le groupe Centennial. Ainsi ont été élaborés, non pas des projections définitives, mais un ensemble de quatre scénarios, dont un scénario central considéré comme le plus plausible et qui a servi de base à notre travail.

Son hypothèse principale est que la productivité globale va continuer à s'améliorer au rythme moyen de 1 % comme au long des cent dernières années. Les trois autres scénarios décrits plus bas sont :

– le scénario optimiste, qui se fonde sur l'hypothèse de politiques plus vigoureuses des pays non-convergents et de rattrapage plus rapide des pays avancés par les pays en cours de convergence ;

– le scénario pessimiste, qui fait la double hypothèse d'un relâchement des efforts de convergence et d'un ralentissement de la progression du taux de la productivité globale ;

– le scénario très optimiste, qui se fonde à l'inverse sur la progression de ce taux au rythme de 1,3 % l'an et sur l'hypothèse de politiques vigoureuses chez les pays « convergents ».

Le scénario optimiste : « politiques vigoureuses »

Le scénario de « politiques vigoureuses » diffère du scénario central par sa recherche de réponses à deux questions clés : que se passerait-il si la majeure partie des économies émergentes et en développement rejoignaient le club des « pays convergents » à croissance rapide ? et quelles seraient les conséquences de cette convergence à un rythme plus rapide que celui prévu par le scénario central ?

Si l'on fait l'hypothèse que les pays actuellement non convergents adoptent des politiques vigoureuses et les réformes institutionnelles nécessaires pour déclencher un processus de rattrapage rapide et une croissance accélérée tirée par la productivité, on obtient un taux de croissance moyen du groupe des économies émergentes et en développement de 4,9 % dans le scénario central à 4,1 %. En raison des effets cumulatifs, vers 2050, la différence pour les économies concernées sera très significative. À la fin de la période, le PIB obtenu sera de près d'un quart plus élevé que dans le scénario central. Alors que le

PIB par habitant aurait environ triplé avec le scénario central (bondissant de 9400 à 28500 dollars), il quadruplera pratiquement, atteignant 36000 dollars dans le cadre de ce scénario « politiques vigoureuses ».

Même si les différences régionales demeureront importantes, elles deviendront moins prononcées. La raison en est que les plus gros contributeurs de croissance en Asie (la Chine, l'Inde, l'Indonésie et le Vietnam) sont déjà convergents. Par contraste, dans les régions où cette croissance est moins dynamique selon le scénario central (l'Afrique, le Moyen-Orient et l'Amérique latine), elle est bien plus élevée avec un scénario optimiste.

Le scénario pessimiste : politiques médiocres et faible croissance de la productivité

Les résultats globaux pour 2050 seraient bien pires si les politiques nationales s'écartaient de celle de la majorité des économies émergentes et en développement (en particulier en Chine, en Inde et au Brésil), et si le taux global de croissance de la productivité ralentissait sensiblement. Dans ce scénario pessimiste, la croissance moyenne annuelle du PIB mondial s'établirait à 1,3 point de moins que dans le scénario central et à 1,9 point de moins que dans le scénario de politiques vigoureuses. Cette baisse serait particulièrement sévère dans le cas de l'Asie, mais toutes les régions en souffriraient. Dans l'absolu, la totalité du PIB global serait de 36 % inférieure à celle du scénario central et environ la moitié de l'estimation faite pour le scénario de politiques vigoureuses. La gamme des possibilités est fonction des hypothèses concernant les politiques de chaque pays et la productivité globale, mais elle traduit clairement l'incidence très différente des bonnes et des mauvaises politiques, ainsi que l'importance du rythme de croissance de la productivité globale.

Le scénario très optimiste : haute productivité mondiale et politiques nationales de haute qualité

Finalement, une analyse de sensibilité autour des hypertendances montre que les perspectives de croissance mondiale sont particulièrement sensibles à l'hypothèse d'une augmentation du taux de la productivité globale. Certains analystes des progrès technologiques pensent que le consensus actuel des économistes sur le taux de croissance futur de la productivité (1 %) est trop pessimiste et que la hausse actuelle de cette productivité globale peut s'accélérer. C'est pourquoi l'étude propose un scénario fondé sur des avancées portant le taux de la productivité à 1,3 % par an, toutes les autres hypothèses relatives aux performances individuelles de chaque pays (politiques et institutions) demeurant inchangées par rapport à celles du scénario des politiques vigoureuses. Ce taux de productivité plus élevé ferait passer la croissance du PIB global 2016-2050 de 3,3 % (scénario central) à 4,2 %, et le taux de performance des économies émergentes et en développement pour cette même période de 4,1 à 5,2 %. Le résultat de cette combinaison entraînerait, vers 2050, un PIB global nettement supérieur, avec des niveaux de production au-dessus de ceux du scénario central d'au moins 36 %, ceux des économies émergentes et en développement augmentant de 44 %.

Ces résultats suggèrent la possibilité d'une amélioration extraordinaire de l'état de l'économie mondiale vers 2050. Dans ce cas, les populations du monde seraient dans une bien meilleure situation que selon les autres scénarios. Malgré la faible probabilité de voir se produire cette heureuse combinaison d'événements, ce quatrième scénario éclaire le rôle que le progrès technologique, en association avec des politiques vigoureuses, pourrait jouer pour améliorer à long terme le bien-être de l'humanité.

Ce scénario très souhaitable doit néanmoins être tenu pour ambitieux. Il exigera de toutes les régions en développement de tenter d'égaler les résultats de l'Asie orientale. Bien qu'un tel objectif ne soit pas hors de portée, même par les pays les plus pauvres ou déficitaires en ressources, sa réussite demandera la plus grande discipline et une participation résolue de tous aux tâches de développement. Ses promesses sont si séduisantes pour les perspectives de vie des générations futures que toute équipe de dirigeants et de décideurs nationaux devrait s'efforcer de le réaliser.

Le scénario pessimiste, en revanche, met clairement les pays face au risque de diverger du cours de l'histoire, s'ils négligent de s'inspirer des leçons des autres, en se contentant de leur niveau présent ou, pis, en retombant en dessous de leurs performances précédentes en se laissant embourber dans le « piège du revenu intermédiaire ». Les politiques choisies joueront donc un rôle crucial.

Le principal message pour les dirigeants politiques et les chefs d'entreprise est donc de se garder de toute complaisance, de renforcer en permanence la résilience de leur économie vis-à-vis des chocs intérieurs et extérieurs, et de poursuivre inlassablement la création ou la consolidation des institutions nécessaires, au fur et à mesure que l'économie devient à la fois plus complexe et plus globalisée. Autrement dit, l'avenir à long terme des économies est et restera entre les mains de leurs dirigeants. Ce sera finalement leur action ou leur inaction qui décidera de quel monde hériteront leurs enfants et leurs petits-enfants.

Les Objectifs de développement durable (ODD)

Décidés en 2015 pour être appliqués en 2030, ils sont les suivants :

1. Éliminer la pauvreté sous toutes ses formes et partout dans le monde
2. Éliminer la faim, assurer la sécurité alimentaire, améliorer la nutrition et promouvoir l'agriculture durable
3. Donner aux individus les moyens de vivre une vie digne et promouvoir le bien-être de tous à tous les âges
4. Veiller à ce que tous puissent suivre une éducation de qualité dans des conditions d'équité et promouvoir les opportunités d'apprentissage tout au long de la vie
5. Réaliser l'égalité des sexes et autonomiser toutes les femmes et les filles
6. Garantir l'accès de tous à des services d'approvisionnement en eau et d'assainissement et assurer une gestion durable des services en eau
7. Garantir l'accès de tous à des services énergétiques fiables, durables et modernes à un coût abordable
8. Promouvoir une croissance économique soutenue, partagée et durable, le plein-emploi productif et un travail décent pour tous

9. Mettre en place une infrastructure résiliente, promouvoir une industrialisation soutenable qui profite à tous et encourager l'innovation

10. Réduire les inégalités entre les pays et en leur sein

11. Faire en sorte que les villes et les établissements humains soient ouverts à tous, sûrs, résilients et soutenables

12. Instaurer des modes de consommation et de production soutenables

13. Prendre d'urgence des mesures pour lutter contre les changements climatiques et leurs répercussions

14. Conserver et exploiter de manière soutenable les océans, les mers et les ressources marines aux fins du développement durable

15. Préserver et restaurer les écosystèmes terrestres, en veillant à les exploiter de façon durable, gérer durablement les forêts, lutter contre la désertification, enrayer et inverser le processus de dégradation des terres et mettre fin à l'appauvrissement de la biodiversité

16. Promouvoir l'avènement de sociétés pacifiques et ouvertes aux fins du développement durable, assurer à tous l'accès à la justice et mettre en place, à tous les niveaux, des institutions efficaces, responsables et ouvertes

17. Revitaliser le partenariat mondial au service du développement soutenable et renforcer les moyens de ce partenariat.

Table des matières

Prologue 11

Introduction 19

« Hypertendances »

Les dynamiques structurantes de 2050

À la recherche des dynamiques structurantes
de l'avenir.. 33

Un monde de vieux, un continent de jeunes................ 35
Un monde en croissance continue.............................. 39
La percée des économies émergentes.......................... 44
Une urbanisation galopante.. 47
Un commerce international
en progrès 53
Globalisation de la finance : des marchés financiers
plus intégrés et plus instables.................................... 57
L'explosion des classes moyennes
dans les économies en développement 61
La finitude des ressources naturelles.......................... 63
Le changement climatique : de l'urgence d'agir............ 67
Un progrès technologique fulgurant.......................... 71

Les nouveaux visages de la violence........................... 76

Où les « hypertendances » nous mènent-elles ?........... 79

CINQ CHEMINS D'HUMANITÉ
Les priorités essentielles pour 2050

Éradiquer la pauvreté, « risque systémique ultime » 91
Des finances servantes de l'économie........................ 139
Une nouvelle gouvernance
pour un monde multipolaire 181
Répondre par la sagesse à la finitude
des ressources de la planète...................................... 199
Porter nos cultures à la hauteur de nos défis 207

Conclusion
Croire en un monde meilleur...................................... 229

Merci 235

Annexes.. 239

Déjà parus dans la collection
dirigée par Olivier Pastré

La Société translucide, Augustin Landier et David Thesmar
Le Choc des populations. Guerre ou paix, sous la direction de Pierre Dockès et Jean-Hervé Lorenzi
La Guerre des empires, Chine contre États-Unis, François Lenglet
On nous ment. Vérités et légendes sur la crise, Olivier Pastré et Jean-Marc Sylvestre
La France sans ses usines, Patrick Artus et Marie-Paule Virard
Repenser l'économie, l'économie bottom-up, Olivier Pastré
Les Apprentis sorciers, 40 ans d'échecs de la politique économique française, Patrick Artus et Marie-Paule Virard
Le Vilain Petit Qatar, cet ami qui nous veut du mal, Nicolas Beau et Jacques-Marie Bourget
Tout va bien (ou presque), Olivier Pastré et Jean-Marc Sylvestre
Et si le soleil se levait à nouveau sur l'Europe ?, sous la direction de Christian de Boissieu et Jean-Hervé Lorenzi
Guerre et Paix entre les monnaies, Jacques Mistral
Croissance zéro, comment éviter le chaos ?, Patrick Artus et Marie-Paule Virard
La Folie des banques centrales. Pourquoi la prochaine crise sera pire, Patrick Artus et Marie-Paule Virard
Euro : par ici la sortie ? Les vraies options pour la France et l'Europe, Patrick Artus et Marie-Paule Virard
L'Immigration en France. Mythes et réalités, E. M. Mouhoud

Composition réalisée par Belle Page

PAPIER À BASE DE FIBRES CERTIFIÉES

Fayard s'engage pour l'environnement en réduisant l'empreinte carbone de ses livres. Rendez-vous sur www.fayard-durable.fr
L'empreinte carbone en éq. CO_2 de cet exemplaire est de 850 g

Achevé d'imprimer en France en janvier 2019
par Dupliprint à Domont (95)
N° d'impression : 2019012587 - N° d'édition : 7517614/07